1000
स्वाधीनता संग्राम प्रश्नोत्तरी

इस श्रृंखला की पुस्तकें

- 1000 स्वाधीनता संग्राम प्रश्नोत्तरी
- 1000 गांधी प्रश्नोत्तरी
- 1000 जीव-जंतु प्रश्नोत्तरी
- 1000 भूगोल प्रश्नोत्तरी
- 1000 इतिहास प्रश्नोत्तरी
- 1000 हिंदी साहित्य प्रश्नोत्तरी
- 1000 खेलकूद प्रश्नोत्तरी
- 1000 गणित प्रश्नोत्तरी
- 1000 पर्यावरण प्रश्नोत्तरी
- 1000 खगोल विज्ञान प्रश्नोत्तरी
- 1000 विज्ञान प्रश्नोत्तरी
- 1000 कंप्यूटर-इंटरनेट प्रश्नोत्तरी
- 1000 फिल्म प्रश्नोत्तरी
- 1000 राजनीति प्रश्नोत्तरी
- 1000 रामायण प्रश्नोत्तरी
- 1000 महाभारत प्रश्नोत्तरी
- 1000 हिंदू धर्म प्रश्नोत्तरी
- 1000 भारतीय संस्कृति प्रश्नोत्तरी
- 1000 संगीत प्रश्नोत्तरी
- 1000 वास्तुशास्त्र प्रश्नोत्तरी
- 1000 सामान्य ज्ञान प्रश्नोत्तरी
- 1000 अर्थशास्त्र प्रश्नोत्तरी
- 1000 पत्रकारिता प्रश्नोत्तरी
- 1000 समाजशास्त्र प्रश्नोत्तरी
- अंतरिक्ष प्रश्नोत्तरी
- डायबिटीज प्रश्नोत्तरी
- स्वास्थ्य प्रश्नोत्तरी

1000 स्वाधीनता संग्राम प्रश्नोत्तरी

सचिन सिंहल

प्रकाशक
प्रभात प्रकाशन प्रा. लि.
4/19 आसफ अली रोड, नई दिल्ली–110002
फोन : 011–23289777 • हेल्पलाइन नं. : 7827007777
इ–मेल : prabhatbooks@gmail.com ❖ वेब ठिकाना : www.prabhatbooks.com

संस्करण
2025

पेपरबैक मूल्य
चार सौ रुपए

मुद्रक
नरुला प्रिंटर्स, दिल्ली

———— ★ ————

1000 SWADHINTA SANGRAM PRASHNOTTARI
by Shri Sachin Sinhal

Published by **PRABHAT PRAKASHAN PVT. LTD.**
4/19 Asaf Ali Road, New Delhi-110002

ISBN 978-93-51868-91-0

₹ 400.00 (PB)

भारतीय स्वाधीनता संग्राम की
सभी ज्ञात-अज्ञात हुतात्माओं
एवं
भारत माता के उन वीर सपूतों को,
जिन्होंने देश की स्वाधीनता में
अपना योगदान दिया।

विषय-सूची

1

ब्रिटिश कंपनी का आगमन और साम्राज्य-विस्तार

1. निम्नलिखित में से किस व्यक्ति ने केप ऑफ गुड होप (आशा-अंतरीप) पार करके भारत में प्रवेश किया?
   (क) डि अलमायदा (ख) वास्को-डि-गामा
   (ग) अलबर्क (घ) कोलंबस
2. सबसे पहले कौन से यूरोपियन भारत में व्यापार के लिए आए?
   (क) यूनानी (ख) अंग्रेज
   (ग) पुर्तगाली (घ) डच
3. वास्को-डि-गामा भारत में सबसे पहले कहाँ पहुँचा?
   (क) पांडिचेरी (ख) दक्कन
   (ग) कालीकट (घ) कलकत्ता
4. 'ब्लू वाटर' पॉलिसी निम्नलिखित में से किसने शुरू की?
   (क) कोलंबस (ख) डूप्ले
   (ग) डि अलमायदा (घ) वास्को-डि-गामा
5. प्लासी का युद्ध किन-किन के बीच लड़ा गया?
   (क) ब्रिटिश कंपनी और मैसूर के टीपू सुल्तान
   (ख) ब्रिटिश कंपनी और मराठा राज्य के बाजीराव द्वितीय
   (ग) ब्रिटिश कंपनी और बंगाल के सिराजुद्दौला
   (घ) ब्रिटिश कंपनी और बंगाल के शाह आलम द्वितीय

उत्तर के लिए कृपया पृष्ठ सं. 141 देखें।

6. ईस्ट इंडिया कंपनी की स्थापना किस वर्ष हुई?
   (क) सन् 1600 (ख) सन् 1608
   (ग) सन् 1612 (घ) सन् 1857
7. भारत में ईस्ट इंडिया कंपनी किस उद्देश्य से आई थी?
   (क) उपनिवेशीकरण (ख) व्यापार एवं वाणिज्य
   (ग) ईसाई धर्म के प्रचार-प्रसार (घ) साम्राज्य विस्तार
8. ईस्ट इंडिया कंपनी ने बंबई निम्न में से किससे हस्तगत की थी?
   (क) पुर्तगालियों से (ख) चार्ल्स प्रथम से
   (ग) चार्ल्स द्वितीय से (घ) डचों से
9. निम्न में से किस युद्ध के बाद भारत में ब्रिटिश शासन की स्थापना हुई?
   (क) बक्सर का युद्ध (ख) प्लासी का प्रथम युद्ध
   (ग) प्लासी का द्वितीय युद्ध (घ) प्रथम कर्नाटक युद्ध
10. बंगाल की सत्ता वास्तविक रूप में ईस्ट इंडिया कंपनी के हाथों में किस वर्ष आई?
   (क) सन् 1707 (ख) सन् 1764
   (ग) सन् 1765 (घ) सन् 1786
11. प्रथम आंग्ल-मैसूर युद्ध किस वर्ष लड़ा गया?
   (क) सन् 1768 (ख) सन् 1790
   (ग) सन् 1769 (घ) सन् 1703
12. प्रथम आंग्ल-मराठा युद्ध किस वर्ष लड़ा गया?
   (क) सन् 1769-72 में (ख) सन् 1782-83 में
   (ग) सन् 1775-82 में (घ) सन् 1756-65 में
13. अंग्रेजों और टीपू सुल्तान के बीच लड़े गए द्वितीय युद्ध का अंत कब हुआ था?
   (क) सन् 1784 (ख) सन् 1783
   (ग) सन् 1780 (घ) सन् 1781
14. 'फूट डालो और राज करो' की नीति ब्रिटिशों द्वारा कब अपनाई गई?
   (क) सन् 1782-90 (ख) सन् 1785-97
   (ग) सन् 1786-98 (घ) सन् 1788-98
15. टीपू सुल्तान ब्रिटिशों से हुए एक घमासान युद्ध में मारा गया था। यह युद्ध किस वर्ष हुआ था?

उत्तर के लिए कृपया पृष्ठ सं. 141 देखें।

(क) सन् 1792 (ख) सन् 1782
(ग) सन् 1798 (घ) सन् 1799

16. तृतीय ब्रिटिश-मराठा युद्ध किस वर्ष लड़ा गया था?
(क) सन् 1892 (ख) सन् 1815
(ग) सन् 1817 (घ) सन् 1827

17. इनमें से कौन 'कर्नल क्लाइव जैकल' की तरह जाना जाता है?
(क) शाह आलम (ख) मीर चंद
(ग) मीर जाफर (घ) मोहम्मद अली

18. इनमें से कौन सन् 1772 में भारत में बंगाल का गवर्नर बनकर आया था?
(क) लॉर्ड क्लाइव (ख) लॉर्ड हार्डिंग
(ग) वारेन हेस्टिंग्स (घ) लॉर्ड मिंटो

19. किस गवर्नर जनरल ने बंगाल में रॉबर्ट क्लाइव द्वारा चलाई गई दोहरी सरकारी नीति को खत्म किया और बंगाल पर कंपनी का पूरा नियंत्रण स्थापित किया?
(क) वारेन हेस्टिंग्स (ख) लॉर्ड कार्नवालिस
(ग) लॉर्ड वेलेजली (घ) सर चार्ल्स मैटकॉफ

20. सन् 1775 में निम्न में से किसने बंगाल के नवाब को एक 'घास-फूस के आदमी' की तरह हटा दिया?
(क) वारेन हेस्टिंग्स ने
(ख) कोर्ट ऑफ डायरेक्टर्स के एक सदस्य ने
(ग) कलकत्ता सुप्रीम कोर्ट के एक जज ने
(घ) रॉबर्ट क्लाइव ने

21. भारतीय उच्चतम न्यायालय के प्रथम मुख्य न्यायाधीश कौन थे?
(क) सर फ्रांसिस (ख) सर एलिजा एंपे
(ग) मॉनसन (घ) क्लेवेटिंग

22. तृतीय ब्रिटिश-मराठा युद्ध के दौरान किसका शासन काल था?
(क) लॉर्ड मॉएरा (ख) लॉर्ड मिंटो
(ग) लॉर्ड कार्नवालिस (घ) लॉर्ड एम्हर्स्ट

23. किसके शासन काल में भारतीय लोक-सेवाओं का आगमन हुआ?

उत्तर के लिए कृपया पृष्ठ सं. 141 देखें।

(क) लॉर्ड कर्जन (ख) लॉर्ड रिपन
(ग) लॉर्ड कार्नवालिस (घ) लॉर्ड डलहौजी

24. 'आपसी सहयोग की नीति' का जनक निम्न में से कौन था?
(क) वॉरेन हेस्टिंग्स (ख) लॉर्ड विलियम बेंटिक
(ग) लॉर्ड वेलेजली (घ) लॉर्ड मिंटो

25. बंगाल के बाद अपने राज्य में अंग्रेजों को कर-मुक्त व्यापार का अधिकार निम्न में से किसने दिया?
(क) बनारस के राजा ने (ख) अवध के नवाब ने
(ग) हैदराबाद के निजाम ने (घ) भरतपुर के जाटों ने

26. भारत के राज्यों को अंग्रेजी साम्राज्य में जोड़नेवाली लॉर्ड डलहौजी की नीति किस नाम से जानी जाती है?
(क) हस्तक्षेप की नीति (ख) सरहद की नीति
(ग) हड़प नीति (घ) संयुक्त करने की नीति

27. इनमें से कौन सा राज्य लॉर्ड डलहौजी की 'अंतराल की नीति' के अंतर्गत ब्रिटिश राज्य में मिलाया गया?
(क) उदयपुर (ख) उदयगढ़
(ग) ग्वालियर (घ) मैसूर

28. उस समय अवध का नवाब कौन था, जब यह राज्य लॉर्ड डलहौजी द्वारा हड़प लिया गया?
(क) आसफ-उद्-दौला (ख) वाजिद अली
(ग) अमजद अली शाह 'हजरत' (घ) मोहम्मद अली

29. निम्न में से किसने पहली बार रैयतबारी व्यवस्था शुरू की थी?
(क) थॉमस मुनरो (ख) कैप्टन रीड
(ग) (क) और (ख) दोनों (घ) लॉर्ड हार्डिंग

30. भारतीय लोक सेवाओं में भारतीयों का प्रवेश निम्न में से किसने संभव बनाया?
(क) लॉर्ड रिपन (ख) लॉर्ड डलहौजी
(ग) लॉर्ड कैनिंग (घ) लॉर्ड लिटन

31. ईस्ट इंडिया कंपनी ने अपना पहला कारखाना कहाँ स्थापित किया था?
(क) कलकत्ता (ख) पांडिचेरी
(ग) सूरत (घ) कालीकट

उत्तर के लिए कृपया पृष्ठ सं. 141 देखें।

32. वास्को-डि-गामा ने दूसरी बार भारत की यात्रा कब की थी?
(क) 1505 ईसवी (ख) 1502 ईसवी
(ग) 1506 ईसवी (घ) 1504 ईसवी

33. भारत में पुर्तगालियों ने बाद में किस स्थान को अपनी राजधानी बनाया?
(क) कोचीन (ख) गोवा
(ग) कालीकट (घ) कैन्नानोर

34. सन् 1668 में फ्रांसीसियों द्वारा सूरत में पहला कारखाना निम्न में से किसके द्वारा लगाया गया?
(क) मरकाना (ख) फ्रैंकोइज मार्टिन
(ग) फ्रैंकोइज कैरन (घ) डूप्लैक्स

35. निम्न में से कौन सा स्थान सन् 1690 के बाद से डच ईस्ट इंडिया कंपनी का मुख्य केंद्र बन गया था?
(क) कालीकट (ख) बंबई
(ग) नागपट्टम (घ) मद्रास

36. श्रीरंगपट्टनम के समझौते पर किस वर्ष हस्ताक्षर किए गए?
(क) सन् 1784 (ख) सन् 1771
(ग) सन् 1775 (घ) सन् 1792

37. एब्बे जे.ए. डुबोइस नामक यूरोपीय यात्री किस काल में भारत आया था?
(क) सोलहवीं शताब्दी में
(ख) अठारहवीं शताब्दी की शुरुआत में
(ग) उन्नीसवीं शताब्दी की शुरुआत में
(घ) पंद्रहवीं शताब्दी में

38. ब्रिटिश ईस्ट इंडिया कंपनी ने बंगाल के नवाब से हुगली नहर से व्यापार करने का अनुमति-पत्र कब प्राप्त किया?
(क) सन् 1650 (ख) सन् 1651
(ग) सन् 1680 (घ) सन् 1655

39. निम्न में से किस राज्य को छोड़कर सन् 1818 में अंग्रेजों ने समस्त भारतीय उपमहाद्वीप को अपने आधिपत्य में ले लिया था?
(क) पंजाब और राजस्थान (ख) सिंध और गुजरात
(ग) पंजाब और सिंध (घ) राजपूताना और सिंध

उत्तर के लिए कृपया पृष्ठ सं. 141 देखें।

40. ब्रिटिशों द्वारा निम्न में से कौन सा समझौता मध्य भारत और अवध के साथ किया गया?

(क) स्थायी समझौता (ख) महालवारी समझौता

(ग) रैयतबारी समझौता (घ) अस्थायी जमींदारी बंदोबस्त

41. बनारस, उड़ीसा और मद्रास के उत्तरी जिले ………… के अंतर्गत थे।

(क) सीधी कृषि (ख) महालवारी समझौता

(ग) अस्थायी बंदोबस्त (घ) स्थायी बंदोबस्त

42. ईस्ट इंडिया कंपनी के कोर्ट के संचालकों का वह कौन सा अध्यक्ष था, जो भारत में ईसाइयत को बढ़ाना चाहता था?

(क) थॉमस मुनरो (ख) चार्ल्स ग्रांट

(ग) लॉर्ड वेलेजली (घ) विलियम बेंटिक

43. ब्रिटिश/यूरोपियन के पास निम्न में से किसके निर्माण के लिए सर्वाधिकार थे?

(क) भूगर्भीय वस्तु (ख) चाय और कॉफी

(ग) नमक और अफीम (घ) उपर्युक्त सभी

44. 1707–13 ईसवी के मध्य इनमें से बंगाल का गवर्नर कौन था?

(क) मुर्शिद अली खान (ख) मीर बक्शी

(ग) वकील (घ) फर्रुखशियर

45. पहला एंग्लो–सिख युद्ध किस वर्ष लड़ा गया?

(क) सन् 1845–46 (ख) सन् 1835–40

(ग) सन् 1850–55 (घ) सन् 1847–49

46. सिराजुद्दौला की हार का प्रमुख कारण निम्न में से क्या था?

(क) दरबारियों की साजिश (ख) उसका जोश और निर्णय

(ग) ब्रिटिश विशाल सेना (घ) इनमें से कोई नहीं

47. ब्रिटिशों द्वारा भारतीय काउंसिल ऐक्ट कब पारित किया गया?

(क) सन् 1892 (ख) सन् 1862

(ग) सन् 1852 (घ) सन् 1872

48. ईस्ट इंडिया कंपनी के बाद अन्य संपन्न संगठन, जो कि कर्टेंस एसोसिएशन के नाम से जाने जाते थे, को किसका समर्थन प्राप्त था?

(क) राजा क्रॉमवेल (ख) चार्ल्स प्रथम

(ग) चार्ल्स द्वितीय (घ) महारानी एलिजाबेथ

उत्तर के लिए कृपया पृष्ठ सं. 141-142 देखें।

49. रोलेट ऐक्ट क्या था? सन् 1919 में ब्रिटिश सरकार को इससे क्या अधिकार प्राप्त हुआ?
(क) भारतीयों की सजा का समय बढ़ाना
(ख) भड़काना और जातिवाद को बढ़ाना
(ग) अदालत में बिना पेश किए अनिश्चित काल तक बंदी बनाए रखना
(घ) किसी भी उद्योग को सख्ती से बंद कर देना

50. निम्न में से किस ऐक्ट द्वारा भारत में ईस्ट इंडिया कंपनी का व्यापार का अधिकार समाप्त हुआ?
(क) 1833 का चार्टर ऐक्ट (ख) 1813 का चार्टर ऐक्ट
(ग) 1861 का चार्टर ऐक्ट (घ) 1812 का चार्टर ऐक्ट

51. भारत में क्रिप्स मिशन कब आया, जिसने 'अगस्त प्रस्ताव-1940' को पुनः दोहराया?
(क) सन् 1944 (ख) सन् 1943
(ग) सन् 1942 (घ) सन् 1941

52. भारत पर पूर्ण अधिकार होने के बावजूद ईस्ट इंडिया कंपनी को प्रतिस्पर्धा का सामना करना पड़ रहा था, जिसे 'हस्तक्षेप' का नाम दिया गया। यह किसके द्वारा किया जा रहा था?
(क) डच (ख) पुर्तगाली
(ग) इंडिजीनस साहूकार (घ) ब्रिटिश मुक्त व्यापारी

53. फ्रांसीसी और ब्रिटिशों के मध्य तीसरा निर्णायक कर्नाटक युद्ध किस स्थान पर लड़ा गया?
(क) अर्काट (ख) वैंडीवाश
(ग) प्लासी (घ) झाँसी

54. भारतीय विश्वविद्यालय ऐक्ट-1904 निम्न में से किसके द्वारा लाया गया था?
(क) लॉर्ड ऑकलैंड (ख) लॉर्ड हार्डिंग
(ग) लॉर्ड रिपन (घ) लॉर्ड कर्जन

55. प्रेस ऐक्ट-1794 की सेंसर व्यवस्था में इनमें से कौन शामिल था?
(क) लॉर्ड ऑकलैंड (ख) चार्ल्स मैटकॉफ
(ग) एंड्रयू फ्रेजर (घ) लॉर्ड वेलेजली

उत्तर के लिए कृपया पृष्ठ सं. 142 देखें।

56. अंग्रेजों के विरोध में सबसे पहले जन-विरोध कहाँ से शुरू हुआ?
(क) मद्रास और कलकत्ता (ख) उड़ीसा
(ग) उत्तर प्रदेश और मध्य प्रदेश (घ) बंगाल और बिहार

57. मैडम एच.पी. ब्लावत्स्की ने योगविद्या की नींव किस वर्ष रखी?
(क) सन् 1853 (ख) सन् 1864
(ग) सन् 1875 (घ) सन् 1886

58. ब्रिटिशों ने ग्रामीण इलाकों में जिला संगठनों का गठन किस वर्ष किया?
(क) सन् 1857 (ख) सन् 1882
(ग) सन् 1887 (घ) सन् 1893

59. कानून और अदालत की कार्य-पद्धति का मूल्यांकन करने के लिए भारतीय कानून समिति का गठन कब किया गया?
(क) सन् 1803 (ख) सन् 1817
(ग) सन् 1823 (घ) सन् 1893

60. अंग्रेजी साम्राज्य में सिंध राज्य किस वर्ष शामिल किया गया?
(क) सन् 1841 (ख) सन् 1843
(ग) सन् 1845 (घ) सन् 1847

61. प्रथम एंग्लो-सिख युद्ध किस वर्ष लड़ा गया?
(क) सन् 1841-43 (ख) सन् 1842-44
(ग) सन् 1845-46 (घ) सन् 1847-49

62. द्वितीय एंग्लो-सिख युद्ध कब लड़ा गया?
(क) सन् 1846-47 (ख) सन् 1848-49
(ग) सन् 1850-52 (घ) सन् 1853-55

63. पंजाब को किस वर्ष ब्रिटिश साम्राज्य में मिला लिया गया?
(क) सन् 1845 (ख) सन् 1847
(ग) सन् 1849 (घ) सन् 1851

64. उद्योगों का अधिक विकास करने के लिए अंग्रेजों ने भारत में पहली रेलवे लाइन बंबई और थाणे के बीच किस वर्ष शुरू की?
(क) सन् 1845 (ख) सन् 1847
(ग) सन् 1851 (घ) सन् 1853

उत्तर के लिए कृपया पृष्ठ सं. 142 देखें।

65. नागपुर और झाँसी को ब्रिटिश साम्राज्य में कब शामिल किया गया?

(क) सन् 1848 (ख) सन् 1850

(ग) सन् 1852 (घ) सन् 1854

66. अवध के नवाब पर अकुशल प्रबंधन का आरोप लगाकर उसे ब्रिटिश साम्राज्य में कब मिला लिया गया?

(क) सन् 1848 (ख) सन् 1850

(ग) सन् 1854 (घ) सन् 1856

67. वर्ष 1856 में इनमें से भारत का गवर्नर जनरल कौन था?

(क) लॉर्ड कैनिंग (ख) लॉर्ड एलेन बोरो

(ग) लॉर्ड हार्डिंग (घ) लॉर्ड डलहौजी

□

उत्तर के लिए कृपया पृष्ठ सं. 142 देखें।

2

1857 की क्रांति

68. 1857 की क्रांति मेरठ में किस तारीख से शुरू हुई?
    (क) 8 अगस्त, 1857 (ख) 10 जून, 1857
    (ग) 4 मार्च, 1857 (घ) 10 मई, 1857
69. 1857 में हुई लखनऊ की क्रांति के नेता कौन थे?
    (क) कुँवर सिंह (ख) बेगम हजरत महल
    (ग) तात्या टोपे (घ) नाना साहब
70. 1857 की बिहार की क्रांति के नेता कौन थे?
    (क) कुँवर सिंह (ख) खान बहादुर खान
    (ग) अजीमुल्ला खान (घ) तात्या टोपे
71. 1857 की क्रांति में असम की क्रांति का नेतृत्व किसने किया था?
    (क) बख्त खान (ख) तात्या टोपे
    (ग) दीवान मनीराम दत्त (घ) बेगम हजरत महल
72. 1857 में कानपुर में भड़की क्रांति के अगुआ कौन थे?
    (क) नाना साहब (ख) बेगम हजरत महल
    (ग) रानी लक्ष्मीबाई (घ) बख्त खान
73. 1857 की क्रांति के दौरान इंग्लैंड के प्रधानमंत्री कौन थे?
    (क) चर्चिल (ख) पाल्मस्टोन
    (ग) माउंटबेटन (घ) ऑकलैंड
74. 1857 की क्रांति के समय भारत का वायसराय कौन था?

उत्तर के लिए कृपया पृष्ठ सं. 142 देखें।

(क) लॉर्ड एम्हर्स्ट (ख) लॉर्ड हार्डिंग
(ग) लॉर्ड डलहौजी (घ) लॉर्ड कैनिंग

75. 1857 के प्रथम स्वातंत्र्य समर में ग्वालियर में भड़की क्रांति के नेता कौन थे?
(क) तात्या टोपे (ख) रानी लक्ष्मीबाई
(ग) नाना साहब (घ) राव साहब

76. इनमें से कौन सा नगर 1857 की क्रांति का केंद्र नहीं था?
(क) मद्रास (ख) बरेली
(ग) मेरठ (घ) लखनऊ

77. 1857 की क्रांति के दौरान बहादुर शाह जफर का सलाहकार कौन था?
(क) अजीमुल्ला खान (ख) हकीम अहसानुल्ला
(ग) समर सिंह (घ) बेगम जीनत महल

78. 1857 की क्रांति 'ईसाइयत के प्रति कट्टर धर्मांध युद्ध था'—यह किसने कहा?
(क) ड्रैक (ख) एम्हर्स्ट
(ग) लॉर्ड कैनिंग (घ) एल.ई.आर. रीज

79. इनमें से कौन सा ऐक्ट 1857 की क्रांति का कारण नहीं था?
(क) वर्नाक्यूलर प्रेस ऐक्ट (ख) चार्टर ऐक्ट, 1813
(ग) पिट्स इंडिया ऐक्ट, 1784 (घ) रेगुलेटिंग ऐक्ट, 1773

80. ईसाइयों के भारत में बिना किसी रोक-टोक के प्रवेश को मान्यता किस ऐक्ट के द्वारा प्रदान की गई?
(क) रेगुलेटिंग ऐक्ट, 1773 (ख) 1813 का चार्टर
(ग) वर्नाकुलर प्रेस ऐक्ट (घ) 1856 का ऐक्ट

81. पोस्ट ऑफिस ऐक्ट कब पास हुआ, जिसमें कंपनी की सेना को दी गई विशेष सुविधा को हटा दिया गया था?
(क) सन् 1847 (ख) सन् 1856
(ग) सन् 1854 (घ) सन् 1852

82. 'इस मिसाल को देखते हुए हम मुसलमानों को हिंदुओं के विरुद्ध नहीं भड़का सकते।' यह किसने कहा था?
(क) एल्जिन प्रथम (ख) लॉर्ड रिपन
(ग) लॉर्ड डलहौजी (घ) एचिसन

उत्तर के लिए कृपया पृष्ठ सं. 142 देखें।

83. सैनिक छावनी में सैनिक विद्रोह के अगुआ मंगल पांडे को किस तारीख को फाँसी दी गई?

(क) 8 मई, 1857 (ख) 8 अप्रैल, 1857

(ग) 18 अप्रैल, 1857 (घ) 18 मई, 1857

84. 1857 की क्रांति की शुरुआत रुहेलखंड में इनमें से किसने की थी?

(क) रानी लक्ष्मीबाई (ख) तात्या टोपे

(ग) बहादुर शाह जफर (घ) मौलवी अहमदुल्ला

85. 1857 में ब्रिटिशों द्वारा दिल्ली पर पुनः शासन स्थापित कर लिया गया, जिसके नेता थे?

(क) लॉर्ड कैनिंग (ख) सेंट मैथ्यू

(ग) निकल्सन (घ) सेंट जॉन

86. 1857 के समय सेना में किस तरह की राइफलें इस्तेमाल की जाती थीं?

(क) रॉयल राइफल (ख) एनफील्ड राइफल

(ग) किंग्स ऑफ जॉर्ज राइफल (घ) साइफील्ड राइफल

87. 1857 की क्रांति के समय निम्न में से किसने बरेली में सेना की टुकड़ी की नींव रखी?

(क) बहादुर शाह जफर (ख) तात्या टोपे

(ग) बख्त खान (घ) गाजी खान

88. प्रथम स्वतंत्रता संग्राम के नेता बहादुर शाह जफर कहाँ पर गिरफ्तार हुए?

(क) हुमायूँ के मकबरे में (ख) मेरठ में

(ग) लखनऊ में (घ) लाल किले में

89. निम्नलिखित में से अंतिम मुगल शासक कौन था?

(क) बहादुर शाह जफर (ख) गयासुद्दीन तुगलक

(ग) फिरोज शाह तुगलक (घ) बख्त खान

90. बहादुर शाह जफर की मृत्यु किस वर्ष हुई थी?

(क) सन् 1859 (ख) सन् 1861

(ग) सन् 1860 (घ) सन् 1862

91. बहादुर शाह जफर की मृत्यु कहाँ हुई थी?

(क) लखनऊ में (ख) लंदन में

(ग) रंगून में (घ) दिल्ली में

उत्तर के लिए कृपया पृष्ठ सं. 142 देखें।

92. इनमें से किसको 1857 की क्रांति का नेता बनाया गया था?
(क) रानी लक्ष्मीबाई (ख) तात्या टोपे
(ग) बहादुर शाह जफर (घ) बाजी राव द्वितीय

93. झाँसी की रानी के विरुद्ध युद्ध में ब्रिटिश सैनिक टुकड़ी का कमांडर इनमें से कौन था?
(क) विलियम बेंटिक (ख) लॉर्ड कैनिंग
(ग) लॉर्ड कॉर्नवालिस (घ) सर ह्यूज रोज

94. 1857 की क्रांति का इनमें से कौन अद्वितीय योद्धा अंग्रेजों द्वारा पकड़ा गया और फाँसी पर लटका दिया गया?
(क) नाना साहब (ख) तात्या टोपे
(ग) रानी लक्ष्मीबाई (घ) कुँवर सिंह

95. प्रसिद्ध 'कूका विद्रोह' पंजाब में किस वर्ष प्रारंभ हुआ था?
(क) सन् 1872 (ख) सन् 1871
(ग) सन् 1865 (घ) सन् 1888

96. भारतीय स्वाधीनता समर के महान् योद्धा तात्या टोपे का वास्तविक नाम क्या था?
(क) रामलोचन (ख) राम लक्ष्मण
(ग) रामचंद्र पांडुरंग (घ) रामरंग पांडुरंग

97. सतारा में रामोसी द्वारा चलाए गए 'रामोसी विद्रोह' का नेता कौन था?
(क) रामलाल सिंह (ख) चित्तूर सिंह
(ग) बिरसा मुंडा (घ) नरसिंहा बाबू

98. 1857 की क्रांति के योद्धाओं में 'बिहार का शेर' किसे कहा जाता है?
(क) अमर सिंह (ख) कुँवर सिंह
(ग) खान बहादुर खान (घ) बिरसा मुंडा

99. 1857 की क्रांति के बाद अवध की बेगम हजरत महल को कहाँ ले जाया गया था?
(क) बर्मा (ख) श्रीलंका
(ग) नेपाल (घ) इंग्लैंड

100. 1857 के स्वातंत्र्य समर में बुंदेलखंड का नेता कौन था?
(क) बख्त खान (ख) बेगम हजरत महल
(ग) तात्या टोपे (घ) खान बहादुर खान

उत्तर के लिए कृपया पृष्ठ सं. 142 देखें।

101. इतिहास-प्रसिद्ध 'संन्यासी विद्रोह' किस वर्ष प्रारंभ हुआ था?
(क) सन् 1760 (ख) सन् 1762
(ग) सन् 1763 (घ) सन् 1765

102. 1856 में किसके शासन में अवध ब्रिटिश राज्य में मिला लिया गया?
(क) लॉर्ड डलहौजी (ख) लॉर्ड कैनिंग
(ग) सर जॉन शोरे (घ) लॉर्ड कार्नवालिस

103. 1857 के स्वातंत्र्य समर के महान् नेताओं में 'नाना साहब' किसे कहा जाता था?
(क) पेशवा शाह (ख) पेशवा बाजीराव प्रथम
(ग) पेशवा बाजीराव द्वितीय (घ) नाना फड़नवीस

104. वहाबी आंदोलन का संस्थापक इनमें से कौन था?
(क) टीपू सुल्तान (ख) बिरसा मुंडा
(ग) सैयद अहमद (घ) बख्त खान

105. निम्नलिखित में कौन सी बातें 'कूका आंदोलन' से जुड़ी हुई हैं?
(क) कसाइयों के प्रति घृणा (ख) धार्मिक कट्टरता
(ग) हिंसक तरीकों का प्रयोग (घ) (ख) और (ग) दोनों

106. निम्नलिखित में से कौन सा शहर वहाबी आंदोलन का प्रमुख केंद्र रहा था?
(क) क्वेटा (ख) पेशावर
(ग) चारसड्डा (घ) कंधार

107. प्रसिद्ध 'कूका विद्रोह' निम्नलिखित में से किस राज्य में हुआ था?
(क) बिहार (ख) बंगाल
(ग) गुजरात (घ) पंजाब

108. 'कूका विद्रोह' के प्रमुख नेता को सन् 1872 में रंगून भेज दिया गया था, वहीं पर 1885 में उनकी मृत्यु हो गई थी। उन महान् नेता का नाम बताएँ?
(क) रामसिंह (ख) बालक सिंह
(ग) सियान साहब (घ) चित्तूर सिंह

109. 'फकीर विद्रोह' (1776-77) का नेता इनमें से कौन था?

उत्तर के लिए कृपया पृष्ठ सं. 142 देखें।

(क) अलीशाह (ख) सैयद अहमद
(ग) मजनून शाह (घ) तारा चंद

110. 'सामंतवादी विद्रोह' (1844) का नेतृत्व इनमें से किसने किया था?
(क) चित्तूर सिंह (ख) फोंड सावंत
(ग) रामचंद्र सावंत (घ) अब्दुल तारा सावंत

111. ह्यूज रोज ने किसे 'बागियों का नेता, सबसे ज्यादा बहादुर एवं सर्वोत्तम सैनिक' कहा था?
(क) तात्या टोपे (ख) रानी लक्ष्मीबाई
(ग) कुँवर सिंह (घ) टीपू सुलतान

112. राजस्थान में 1857 की क्रांति का सबसे महत्त्वपूर्ण केंद्र कौन सा नगर था?
(क) बीकानेर (ख) जयपुर
(ग) जैसलमेर (घ) कोटा

113. 1857 की क्रांति के उस नेता का नाम बताएँ, जिसने फ्रांस के सम्राट् नेपोलियन् तृतीय को क्रांति के दौरान तीन पत्र लिखे थे?
(क) तात्या टोपे (ख) नाना साहब
(ग) बहादुर शाह द्वितीय (घ) बेगम हजरत महल

114. 1857 की क्रांति में कौन सा प्रतीक इस्तेमाल किया गया था?
(क) कमल और रोटी (ख) कमल और सोना
(ग) तलवार और रोटी (घ) पिस्तौल और रोटी

115. इनमें से किस वर्ग ने 1857 की क्रांति का समर्थन नहीं किया था?
(क) जमींदार (ख) राजकुमार
(ग) कलाकार (घ) नवमध्य वर्ग

116. किस स्थान पर 1857 की क्रांति को मौलवी और पंडितों ने भरपूर सहयोग दिया था?
(क) राजस्थान (ख) बिहार
(ग) दिल्ली (घ) मेरठ

117. वस्तुतः इनमें से किसने 1857 की क्रांति की शुरुआत की?
(क) रानी लक्ष्मीबाई (ख) कुँवर सिंह
(ग) मंगल पांडे (घ) नाना साहब

उत्तर के लिए कृपया पृष्ठ सं. 142-143 देखें।

118. 1857 की क्रांति का प्रारंभिक अवस्था में ब्रिटिश शासन ने मुख्य तौर पर तीन रूपों में सामना किया। इनमें से वह एक रूप कौन सा है?
(क) संवैधानिक अशांति (ख) गृह-विद्रोह
(ग) आदिवासी विद्रोह (घ) किसान आंदोलन

119. 1857 की क्रांति से पूर्व गवर्नर जनरल लॉर्ड डलहौजी के समय सैनिकों ने कितनी बार विद्रोह किया था?
(क) चार बार (ख) एक बार
(ग) तीन बार (घ) दो बार

120. 1857 की क्रांति के प्रारंभ में उथल-पुथल के प्रारंभिक संकेत कहाँ पर दिखाई दिए थे?
(क) अवध (ख) बंगाल
(ग) मेरठ (घ) संयुक्त प्रांत

121. कानपुर के नर-संहार के लिए इनमें से कौन जिम्मेदार था?
(क) नाना साहब (ख) तात्या टोपे
(ग) अजीमुल्ला खान (घ) नाना की सेनाएँ

122. ब्रिटिश सेना में भारतीय सैनिकों ने पहली बार विद्रोह कहाँ पर किया?
(क) पटना (ख) दिल्ली
(ग) वेल्लोर (घ) मेरठ

123. संयुक्त प्रांत में 1857 की क्रांति के अधिकांश नेता किस वर्ग से संबंधित थे?
(क) किसान (ख) जमींदार
(ग) राजकुमार (घ) राजनीतिज्ञ

124. दिल्ली में बहादुर शाह जफर की सेना का सेनानायक इनमें से कौन था?
(क) अजीमुल्ला खान (ख) कुँवर सिंह
(ग) जनरल बख्त खान (घ) खान बहादुर खान

125. निम्नलिखित में से किस स्वतंत्रता सेनानी ने ग्वालियर पर कब्जा करने के लिए रानी लक्ष्मीबाई की मदद की थी?
(क) तात्या टोपे (ख) राव साहब
(ग) नाना साहब (घ) (क) और (ख) दोनों

126. उन्नीसवीं शताब्दी का वह कौन सा आंदोलन था, जो 1857 के विद्रोह की तुलना में अधिक योजनाबद्ध और संगठित था?

उत्तर के लिए कृपया पृष्ठ सं. 143 देखें।

(क) दक्कन का विद्रोह (ख) संन्यासी विद्रोह
(ग) वहाबी आंदोलन (घ) मुंडा विद्रोह

127. 'मोपला आंदोलन' मलाबार के किसान-बागियों ने चलाया था। यह किस वर्ग के दमन के विरुद्ध चलाया गया?
(क) विदेशी बागान मालिक (ख) जमींदार
(ग) सूदखोर (घ) ब्रिटिश राजस्व अधिकारी

128. पश्चिमी पंजाब में चलाए गए 'कूका आंदोलन' का संस्थापक कौन था?
(क) भगत जवाहर मल (ख) रामसिंह
(ग) बालक सिंह (घ) इनमें से कोई नहीं

129. इनमें से किस आदिवासी नेता ने अपने आपको ईश्वर के अवतार के रूप में प्रस्तुत किया?
(क) रूपा नाइक (ख) बिरसा मुंडा
(ग) कान्हु सांथा (घ) जोरिया भगत

130. 1857 के स्वातंत्र्य समर पर लिखी गई पुस्तक 'प्रथम भारतीय स्वातंत्र्य समर' के लेखक कौन थे?
(क) विपिन चंद्र पाल (ख) बेंजामिन डिजराइली
(ग) जी.बी. मेलसन (घ) विनायक दामोदर सावरकर

131. मेरठ में विद्रोह का झंडा बुलंद करने के बाद विद्रोहियों का अगला गंतव्य क्या था?
(क) दिल्ली (ख) रुहेलखंड
(ग) कानपुर (घ) झाँसी

132. 1857 के विद्रोह में नवाब वाजिद अली शाह की किस बेगम ने अपने ग्यारह वर्षीय पुत्र विरजिस कादर को नवाब घोषित किया?
(क) बेगम हजरत महल (ख) बेगम जीनत महल
(ग) चाँद बीबी (घ) नर्गिस बीबी

133. 1857 के विद्रोह के समय वर्तमान उत्तर प्रदेश को उस समय किस नाम से पुकारा जाता था?
(क) सीमित प्रांत
(ख) आगरा और अवध के सीमित प्रांत

उत्तर के लिए कृपया पृष्ठ सं. 143 देखें।

(ग) आगरा और अवध के पश्चिमोत्तर प्रांत

(घ) छोड़े गए तथा विजित प्रांत

134. प्रथम स्वातंत्र्य समर के दौरान निम्नलिखित में से किसने इस विद्रोह में ब्रिटिश सत्ता के विरुद्ध बगावत नहीं की थी?

(क) कुर्ग के राजा (ख) त्रावणकोर के राजा

(ग) वयानाड के राजा (घ) विजयनगर के राजा

☐

उत्तर के लिए कृपया पृष्ठ सं. 143 देखें।

3

सामाजिक, सांस्कृतिक एवं धार्मिक सुधार

135. इनमें से यह नारा किसने दिया—"मानव जाति का एक धर्म, एक जाति तथा एक ही भगवान् है"?
   (क) ज्योति बा फुले (ख) स्वामी दयानंद
   (ग) राजा राममोहन राय (घ) श्रीनारायण गुरु

136. उद्देश्य के रूप में यह घोषणा किसने की थी—"मानव जाति का न तो कोई धर्म है, न ही जाति और न ही भगवान्"?
   (क) राजा राममोहन राय (ख) ज्योति बा फुले
   (ग) स्वामी दयानंद (घ) स्वामी विवेकानंद

137. बंगाल की अंग्रेजी शिक्षा प्राप्त नई पीढ़ी को निम्न में से किसने सर्वाधिक प्रभावित किया था?
   (क) हेनरी विवियन डेरोजियो (ख) जॉन एडम
   (ग) ऑकलैंड (घ) राजा राममोहन राय

138. निम्नलिखित में से कौन सा विकल्प 'मैग्नाकार्टा' कहलाता है?
   (क) 1833 का चार्टर ऐक्ट
   (ख) वर्नाक्यूलर ऐक्ट
   (ग) सर चार्ल्स वुड, सेक्रेटरी ऑफ स्टेट का सन् 1854 का डिस्पैच
   (घ) हंटर कमीशन, 1862

139. राजा राममोहन राय ने किस कुरीति या सामाजिक बुराई का विरोध किया?

उत्तर के लिए कृपया पृष्ठ सं. 143 देखें।

(क) दासता (ख) सती प्रथा
(ग) विधवा का पुनर्विवाह (घ) महिलाओं की शोचनीय स्थिति

140. शिक्षा के प्रचार-प्रसार में राजा राममोहन राय को किस अग्रणी व्यक्ति ने सहयोग दिया?
(क) हेनरी डेरोजियो (ख) डेविड हेयर
(ग) विलियम बेंटिक (घ) विलियम चार्ल्स

141. यह प्रसिद्ध कथन किसने कहा था—"देशभक्ति ही धर्म है और यह धर्म भारत के प्रति प्रेम है।"
(क) राजा राममोहन राय (ख) स्वामी दयानंद सरस्वती
(ग) बंकिम चंद्र चटर्जी (घ) बाल गंगाधर तिलक

142. निम्नलिखित में से किस महापुरुष ने यह नारा दिया था—"वेदों की ओर लौट चलें?"
(क) गोपाल कृष्ण गोखले (ख) स्वामी दयानंद सरस्वती
(ग) राजा राममोहन राय (घ) राजनारायण बोस

143. इनमें से किसके अथक प्रयासों से 'थियोसोफिकल सोसाइटी' ने सफलता और लोकप्रियता प्राप्त की थी?
(क) मदाम भीकाजी कामा (ख) विलियम जॉन
(ग) एनी बेसेंट (घ) चार्ल्स डार्विन

144. 'थियोसॉफी' का क्या अर्थ है?
(क) प्राकृतिक विज्ञान (ख) पर्यावरण विज्ञान
(ग) राजनीति विज्ञान (घ) तंत्र विज्ञान

145. भारत में नारी आंदोलन किसकी प्रेरणा से आगे बढ़ा?
(क) रमाबाई रानाडे (ख) कस्तूरबा गांधी
(ग) सरोजिनी नायडू (घ) मदाम भीकाजी कामा

146. निम्नलिखित में से 'ब्राह्म समाज' के संस्थापक कौन थे?
(क) स्वामी दयानंद सरस्वती (ख) राजा राममोहन राय
(ग) बंकिमचंद्र चटर्जी (घ) स्वामी विवेकानंद

147. निम्नलिखित में से किसे 'आधुनिक भारत का जनक' कहा जाता है?
(क) स्वामी विवेकानंद (ख) जवाहरलाल नेहरू
(ग) राजा राममोहन राय (घ) महात्मा गांधी

उत्तर के लिए कृपया पृष्ठ सं. 143 देखें।

148. निम्नलिखित में से किस महापुरुष ने सबसे पहले 'सती प्रथा' के विरुद्ध आवाज उठाई?

(क) स्वामी विवेकानंद (ख) राजा राममोहन राय

(ग) भीमराव अंबेडकर (घ) ज्योति बा फुले

149. 'प्रार्थना समाज' के संस्थापक इनमें से कौन थे?

(क) राजा राममोहन राय (ख) केशव चंद्र सेन

(ग) हेनरी विवियन (घ) बाल गंगाधर तिलक

150. निम्न में से किस संस्था को दक्षिण भारत के ब्राह्म समाज के रूप में जाना जाता है?

(क) सर्दन समाज (ख) वेद समाज

(ग) प्रार्थना समाज (घ) इनमें से कोई नहीं

151. 'एशियाटिक सोसाइटी ऑफ बेंगाल' के संस्थापक कौन थे?

(क) सर विलियम जोंस (ख) लॉर्ड विलियम बेंटिक

(ग) आर.सी. दत्त (घ) गोपी मोहन देव

152. थियोसोफिकल सोसाइटी की स्थापना सर्वप्रथम किस देश में हुई?

(क) भारत (ख) जापान

(ग) सं.रा. अमेरिका (घ) यूनाइटेड किंगडम

153. सन् 1896 में 'रामकृष्ण मिशन' की स्थापना किसके द्वारा की गई थी?

(क) स्वामी दयानंद सरस्वती (ख) स्वामी विवेकानंद

(ग) रामकृष्ण परमहंस (घ) राजा राममोहन राय

154. महाराष्ट्र में 'प्रार्थना समाज' की स्थापना में सर्वाधिक योगदान किस महापुरुष ने दिया था?

(क) एम.जी. रानाडे (ख) ज्योति बा फुले

(ग) गोपाल कृष्ण गोखले (घ) ईश्वरचंद्र विद्यासागर

155. सर सैयद अहमद खाँ का प्रमुख सलाहकार और विश्वासपात्र इनमें से कौन था?

(क) थियोडॉर बेक (ख) निकल्सन

(ग) नाजिर अहमद (घ) अल्ताफ हुसैन हाली

156. सन् 1932 स्थापित अखिल भारतीय हरिजन संघ के संस्थापक इनमें से कौन थे?

उत्तर के लिए कृपया पृष्ठ सं. 143 देखें।

(क) भीमराव अंबेडकर (ख) महात्मा गांधी
(ग) एम.जी. रानाडे (घ) स्वामी विवेकानंद

157. उन्नीसवीं शताब्दी में पारसी समाज के महान् सुधारक कौन थे?
(क) नवल बी. टाटा (ख) सर जेम्स बहरामजी
(ग) बहरामजी एम. मलाबारी (घ) सर जमशेदजी टाटा

158. बहरामजी एम. मलाबारी ने इनमें से किस बुराई के विरुद्ध अभियान चलाया था?
(क) सती-प्रथा (ख) बालिका-हत्या
(ग) बाल-विवाह (घ) दहेज-प्रथा

159. आर्य समाज के संस्थापक इनमें से कौन थे?
(क) स्वामी विवेकानंद (ख) राजा राममोहन राय
(ग) एम.जी. रानाडे (घ) स्वामी दयानंद सरस्वती

160. अलीगढ़ मुसलिम विश्वविद्यालय की स्थापना किसने की थी?
(क) सर सैयद अहमद खाँ (ख) रहमत अली खान
(ग) मोहम्मद आलमगीर (घ) आर.जी. भंडारकर

161. 'तत्त्वबोधिनी सभा' की स्थापना इनमें से किसने की थी?
(क) एम.जी. रानाडे (ख) ज्योति बा फुले
(ग) रवींद्रनाथ टैगोर (घ) देवेंद्रनाथ टैगोर

162. आदि ब्राह्म समाज के संस्थापक कौन थे?
(क) राजा राममोहन राय (ख) एम.जी. रानाडे
(ग) स्वामी विवेकानंद (घ) देवेंद्रनाथ टैगोर

163. भारतीय ब्राह्म समाज के संस्थापक कौन थे?
(क) एम.जी. रानाडे (ख) केशवचंद्र सेन
(ग) एम.एन. रॉय (घ) एन.एम. जोशी

164. निम्नलिखित में कौन सा हिंदू सामाजिक एवं धार्मिक संगठन 'विद्रोही हिंदू मत' के रूप में जाना जाता है?
(क) आर्य समाज (ख) प्रार्थना समाज
(ग) आदि ब्राह्म समाज (घ) सत्य शोधक समाज

165. ज्योति बा फुले ने निम्न में से कौन से सामाजिक एवं धार्मिक सुधार संगठन का संचालन किया?

उत्तर के लिए कृपया पृष्ठ सं. 143 देखें।

(क) ब्राह्म समाज (ख) थियोसोफिकल सोसाइटी
(ग) प्रार्थना समाज (घ) सत्य शोधक समाज

166. 'स्वराज' शब्द का प्रयोग सबसे पहले किसने किया?
(क) एम.जी. रानाडे (ख) बाल गंगाधर तिलक
(ग) स्वामी दयानंद सरस्वती (घ) आर.जी. भंडारकर

167. राजा राममोहन राय को 'राजा' की पदवी किसने दी?
(क) अकबर द्वितीय (ख) बहादुर शाह
(ग) बख्त खान (घ) जेम्स हिकी

168. प्रसिद्ध हिंदू कॉलेज की स्थापना किसने की?
(क) लॉर्ड क्लाइव (ख) डेविड हेयर
(ग) राजा राममोहन राय (घ) केशवचंद्र सेन

169. सन् 1850 में विधवा पुनर्विवाह संघ की स्थापना किसने की थी?
(क) राजा राममोहन राय (ख) डी.के. हेर
(ग) एम.जी. रानाडे (घ) विष्णु शास्त्री

170. किस समाज-सुधारक ने पुणे में कन्या विद्यालय की स्थापना की?
(क) एम.जी. रानाडे (ख) ज्योति बा फुले
(ग) बाल गंगाधर तिलक (घ) भाऊ दाजी

171. निम्नलिखित में से किसे 'भारतीय प्रेस का मुक्तिदाता' कहा जाता है?
(क) चार्ल्स मैटकॉफ (ख) लॉर्ड कर्जन
(ग) लॉर्ड लिटन (घ) वारेन हेस्टिंग्स

172. ये शब्द किसने कहे थे—"जाति व्यवस्था के कारण हमारे बीच एकता का अभाव है?"
(क) राजा राममोहन राय (ख) स्वामी विवेकानंद
(ग) स्वामी दयानंद सरस्वती (घ) जवाहरलाल नेहरू

173. हिंदू विधवा पुनर्विवाह अधिनियम किस वर्ष पारित हुआ?
(क) सन् 1850 (ख) सन् 1856
(ग) सन् 1865 (घ) सन् 1858

174. निम्न में से किसका उपनाम 'लोकहितवादी' था?
(क) बाल गंगाधर तिलक (ख) राजा राममोहन राय
(ग) डी.के. कर्वे (घ) जी.एच. देशमुख

उत्तर के लिए कृपया पृष्ठ सं. 143 देखें।

175. आर्य समाज की स्थापना किस वर्ष की गई थी?
(क) सन् 1873 (ख) सन् 1872
(ग) सन् 1875 (घ) सन् 1876

176. आर्य समाज का विभाजन किस वर्ष हुआ था?
(क) सन् 1893 (ख) सन् 1890
(ग) सन् 1892 (घ) सन् 1895

177. स्वामी दयानंद सरस्वती ने इनमें से किस प्रसिद्ध पुस्तक की रचना की?
(क) नील दर्पण (ख) सत्यार्थप्रकाश
(ग) आनंद मठ (घ) मराठा

178. 'शुद्धि आंदोलन' निम्न में से किसके द्वारा चलाया गया?
(क) आर्य समाज (ख) ब्राह्म समाज
(ग) सत्य शोधक समाज (घ) वेद समाज

179. स्वामी विवेकानंद का मूल नाम क्या था?
(क) नारायण दत्त (ख) रामचंद्र सेन
(ग) एम.के. सेन (घ) नरेंद्रनाथ

180. इनमें से किस महापुरुष ने अमेरिका में वेदांत सोसाइटी की स्थापना की थी?
(क) राजा राममोहन राय (ख) लाला हरदयाल
(ग) स्वामी दयानंद सरस्वती (घ) स्वामी विवेकानंद

181. इनमें से किस अंग्रेज ने भारत में अंग्रेजी शिक्षा शुरू की थी?
(क) चार्ल्स मैटकॉफ (ख) लॉर्ड रिपन
(ग) विलियम कैरे (घ) लॉर्ड विलियम बेंटिक

182. सेंट्रल हिंदू कॉलेज की स्थापना किस वर्ष की गई?
(क) सन् 1896 (ख) सन् 1898
(ग) सन् 1890 (घ) सन् 1900

183. 'धर्म सभा' के संस्थापक इनमें से कौन थे?
(क) जी.एच. देशमुख (ख) सनातन शर्मा
(ग) एम.के. सेन (घ) राधाकांत देव

184. इनमें से 'देव समाज' के संस्थापक कौन थे?
(क) जतिन दास (ख) बालगोपाल दत्त
(ग) शिव नारायण अग्निहोत्री (घ) आर. वेंकट रत्नम नायडू

उत्तर के लिए कृपया पृष्ठ सं. 143-144 देखें।

185. 'सेवा सदन' के प्रवर्तक इनमें से कौन थे?
(क) स्वामी दयानंद (ख) आर. वेंकट रत्नम नायडू
(ग) स्वामी विवेकानंद (घ) बहरामज़ी एम. मलाबारी

186. 'सर्वेंट्स सोसाइटी ऑफ इंडिया' के संस्थापक कौन थे?
(क) नारायण गुरु (ख) भास्कर राव जाधव
(ग) ज्योति बा फुले (घ) गोपाल कृष्ण गोखले

187. 'इंडियन सोशल कॉन्फ्रेंस' के संस्थापक कौन थे?
(क) एन. कुमारन (ख) एम.जी. रानाडे
(ग) टी.के. माधवन (घ) के. रामकृष्ण पिल्लै

188. 'प्रतिज्ञा-आंदोलन' के प्रवर्तक कौन थे?
(क) मननाथ पद्मनाबाद पिल्लै (ख) सी.आर. रेड्डी
(ग) एम.जी. रानाडे (घ) एस.एस. बंगाली

189. सन् 1888 में 'अर्वीपुरम आंदोलन' किस महापुरुष ने शुरू किया था?
(क) नारायण गुरु (ख) टी.के. माधवन
(ग) एन. कुमारन असन (घ) नंबूदिरी

190. सामाजिक सुधार की सर्वप्रथम शुरुआत कहाँ से हुई थी?
(क) बंगाल (ख) उत्तर प्रदेश
(ग) बिहार (घ) पंजाब

191. स्वामी दयानंद सरस्वती का जन्म किस वर्ष हुआ था?
(क) वर्ष 1820 (ख) वर्ष 1822
(ग) वर्ष 1824 (घ) वर्ष 1826

192. आर्य समाज द्वारा 'गौ रक्षा संघ' की स्थापना किस वर्ष की गई थी?
(क) सन् 1880 (ख) सन् 1875
(ग) सन् 1891 (घ) सन् 1882

193. 'ब्राह्म समाज' की विचारधारा किस मत पर आधारित थी?
(क) जैन मत (ख) ईसाई मत
(ग) एकेश्वरवाद (घ) हिंदुत्व

194. इनमें से किसने 'प्रजा मित्र मंडल' की स्थापना की थी?
(क) एस.के. सेन (ख) नारायण स्वामी
(ग) सी.आर. रेड्डी (घ) एच.एम. रेड्डी

उत्तर के लिए कृपया पृष्ठ सं. 144 देखें।

195. गुप्त क्रांतिकारी सोसाइटी 'अनुशीलन समिति' की स्थापना किसने की थी?
(क) रास बिहारी बोस (ख) एम.जी. रानाडे
(ग) राजा राममोहन राय (घ) पी. मित्रा

196. 'अहमदिया आंदोलन' निम्न में से किसके द्वारा चलाया गया था?
(क) मिर्जा गुलाम अहमद (ख) सर सैयद अहमद खाँ
(ग) पी.के. अहमद (घ) अली अहमद

197. इनमें से किसने 'फराजी आंदोलन' शुरू किया था?
(क) हाजी शरीयत अल्लाह (ख) हाजी मस्तान
(ग) हाजी मुस्तफा (घ) मोहम्मद इकबाल

198. 1835 का प्रसिद्ध शिक्षा संबंधी कार्यवृत्त (मिनट) किससे जुड़ा है?
(क) लॉर्ड मैकाले (ख) सर चार्ल्स वुड
(ग) राजा राममोहन राय (घ) विलियम हंटर

199. श्रीमती एनी बेसेंट ने सन् 1904 में किस संगठन की स्थापना की?
(क) बनारस हिंदू विश्वविद्यालय (ख) मद्रास हिंदू समिति
(ग) अखिल भारतीय विद्यार्थी परिषद् (घ) पुणे हिंदू संघ

200. 'भारत धर्म महामंडल' के संस्थापक निम्नलिखित में से कौन थे?
(क) जवाहरलाल नेहरू (ख) दीनदयाल शर्मा
(ग) पी.के. जैन (घ) अशोक मेहता

201. "आओ, तुम सभी गरीब और अभावग्रस्त, गिरे हुए और दलित लोग,"—यह किसने कहा था?
(क) रामकृष्ण परमहंस (ख) स्वामी विवेकानंद
(ग) स्वामी दयानंद सरस्वती (घ) स्वामी बिरजूनंदन

202. बंबई में भारत के पहले महिला विश्वविद्यालय की स्थापना किसने की?
(क) एम.के. दत्त (ख) डी.के. कर्वे
(ग) राजकमल (घ) राजा राममोहन राय

203. 'काँटे से झूलने' का क्रूर रिवाज किस वर्ष खत्म कर दिया गया?
(क) सन् 1864 (ख) सन् 1865
(ग) सन् 1866 (घ) सन् 1870

204. बंबई में विधवा-पुनर्विवाह संगठन का गठन किस वर्ष हुआ था?
(क) सन् 1876 (ख) सन् 1875
(ग) सन् 1860 (घ) सन् 1866

उत्तर के लिए कृपया पृष्ठ सं. 144 देखें।

205. 'देवबंद आंदोलन' के जनक इनमें से कौन थे?
(क) एम.क्यू. ननौटवी और ए.आर. गंगोई
(ख) एम.जी. रानाडे और केशवचंद्र सेन
(ग) ईश्वरचंद्र विद्यासागर
(घ) डी.के. कर्वे

206. 'समाज सेवा संगठन' की स्थापना नारायण मल्हार जोशी द्वारा किस वर्ष की गई थी?
(क) सन् 1910 (ख) सन् 1911
(ग) सन् 1916 (घ) सन् 1885

207. इलाहाबाद में बनी 'सेवा समिति' के संस्थापक इनमें से कौन थे?
(क) जे.बी. वाचा (ख) नौरोजी
(ग) हृदयनाथ कुँजरू (घ) नारायण गुरु

208. थियोसोफिकल सोसाइटी की स्थापना कहाँ पर की गई थी?
(क) आडयार (मद्रास) (ख) वेल्लोर
(ग) पुणे (घ) कलकत्ता

209. 'दरिद्र नारायण' की विचारधारा, जो कि बाद में गांधीजी द्वारा प्रसिद्ध हुई, को सबसे पहले किसने शुरू किया?
(क) राजा राममोहन राय (ख) गोपाल कृष्ण गोखले
(ग) स्वामी दयानंद सरस्वती (घ) स्वामी विवेकानंद

210. यह इनमें से किसने कहा था—"पाँच सौ समर्पित व्यक्तियों को इस देश को बदलने में पचास वर्ष लगेंगे, पचास समर्पित स्त्रियाँ इसी कार्य को मात्र कुछ सालों में पूरा कर देंगी।"
(क) स्वामी दयानंद सरस्वती (ख) राजा राममोहन राय
(ग) स्वामी विवेकानंद (घ) [illegible] रानाडे

211. स्वामी विवेकानंद किस वर्ष अमेरिका गए और शिकागो में विश्व धर्म सम्मेलन को संबोधित किया?
(क) सन् 1891 (ख) सन् 1893
(ग) सन् 1895 (घ) सन् 1896

212. स्वामी दयानंद सरस्वती का मूल नाम क्या था?
(क) राम शंकर (ख) श्याम शंकर
(ग) गौरव शंकर (घ) मूल शंकर

उत्तर के लिए कृपया पृष्ठ सं. 144 देखें।

213. अलीगढ़ मुसलिम विश्वविद्यालय की स्थापना सन् 1875 में सर सैयद अहमद द्वारा की गई, यह पहले किस नाम से जानी जाती थी?
(क) अलीगढ़ यूनिवर्सिटी फॉर मुसलिम
(ख) मुसलिम यूनिवर्सिटी
(ग) सर सैयद अहमद खान यूनिवर्सिटी
(घ) एंग्लो मोहम्मडन ओरिएंटल कॉलेज

214. निम्न में से किसने 'ऑल इंडिया मुसलिम लीग' की स्थापना की?
(क) आगा खाँ, नवाब सलीमुल्ला और लियाकत अली हुसैन
(ख) आगा खाँ, नवाब मोहसिन-उल-मुल्क एवं लियाकत हुसैन
(ग) आगा खाँ, नवाब सलीमुल्ला और नवाब मोहसिन-उल-मुल्क
(घ) नवाब सलीमुल्ला, नवाब मोहसिन-उल-मुल्क और सर सैयद अहमद खाँ

215. आल इंडिया मुसलिम लीग की स्थापना किस वर्ष हुई थी?
(क) सन् 1900 (ख) सन् 1902
(ग) सन् 1906 (घ) सन् 1907

216. बंग-भंग विरोधी आंदोलन किस वर्ष समाप्त हो गया?
(क) सन् 1902 (ख) सन् 1904
(ग) सन् 1906 (घ) सन् 1911

217. राष्ट्रीय और उग्र दोनों रूपों का आंदोलन इनमें से किसने चलाया?
(क) मौलाना मोहम्मद अली, अशफाक उल्लाह और हकीम अजमल खाँ
(ख) मौलाना मोहम्मद अली, हकीम अजमल खाँ और आगा खाँ
(ग) आगा खाँ, हकीम अजमल खाँ और लियाकत हुसैन
(घ) मौलाना मोहम्मद अली, हकीम अजमल खाँ और मजहर-उल-हक

218. 1861 में, आगरा में राधा स्वामी आंदोलन चलानेवाले तुलसीराम को किस नाम से जाना जाता है?
(क) राधा स्वामी (ख) शिव दयाल साहब
(ग) गुरुजी (घ) उस्तादजी

219. विधवाओं को शिक्षित करने के लिए 'विडो होम एसोसिएशन' इनमें से किसके द्वारा स्थापित की गई थी?
(क) प्रार्थना समाज (ख) ब्राह्म समाज
(ग) वेद समाज (घ) साधारण ब्राह्म समाज

उत्तर के लिए कृपया पृष्ठ सं. 144 देखें।

220. केरल में 'वैकोम सत्याग्रह' किस कारण से चलाया गया?

(क) अस्पृश्यता हटाना

(ख) निम्न जातियों को मंदिर में प्रवेश की अनुमति

(ग) पुरोहित/पुजारी के रूप में ब्राह्मणेतर व्यक्ति की नियुक्ति के लिए मंदिर के प्राधिकारियों पर दबाव डालने के लिए

(घ) मंदिर में 'देवदासी प्रथा' पर प्रतिबंध लगाने के लिए

221. सन् 1875 में अलीगढ़ में सर सैयद अहमद खाँ ने मोहम्मडन-एंग्लो ओरिएंटल कॉलेज की स्थापना की थी। अन्य सभी क्षेत्रों की बजाय वे इस कॉलेज को अधिक महत्त्व क्यों देते थे?

(क) उनके विचार में अंग्रेजी शिक्षा भारत की सामाजिक और राजनीतिक बुराइयाँ दूर करने के लिए रामबाण नुस्खा थी

(ख) यह उनकी स्वयं की रचना थी

(ग) उनकी दृष्टि में ब्रिटिश शासकों की स्वीकृति का यही एकमात्र तरीका था

(घ) वे इस कॉलेज को ऐसा मॉडल बनाना चाहते थे, जिसके प्रोटोटाइप ऑक्सफोर्ड और कैंब्रिज विश्वविद्यालय थे

222. सन् 1921 में अखिल भारतीय खिलाफत कॉन्फ्रेंस कहाँ स्थापित हुई थी?

(क) कराची (ख) बंबई

(ग) पूना (घ) नागपुर

223. खिलाफत आंदोलन चलाया गया था, क्योंकि—

(क) ब्रिटिश सरकार ने ऑल इंडिया मुसलिम लीग को दबाने की कोशिश की

(ख) युवा मुसलिम वर्ग का मुसलिम लीग में विश्वास नहीं था

(ग) ब्रिटेन ने इटली के विरुद्ध तुर्की तथा बाद में बाल्कन ताकतों को सहयोग देना बंद नहीं किया था, बल्कि ओटोमन साम्राज्य की सदस्यता भी छोड़ दी

(घ) मुसलिम बुद्धिजीवी वर्ग ने जाना कि मुसलिम लीग मुसलिम हितों को बचाने में असमर्थ थी

□

उत्तर के लिए कृपया पृष्ठ सं. 144 देखें।

4

कांग्रेस का गठन और स्वतंत्रता आंदोलन में सहभागिता

224. भारतीय राष्ट्रीय कांग्रेस की स्थापना कब हुई थी?
(क) दिसंबर 1885 (ख) अगस्त 1885
(ग) मार्च 1876 (घ) अप्रैल 1896

225. 1866 में ईस्ट इंडिया एसोसिएशन की स्थापना इनमें से किसने की थी?
(क) चित्तरंजन दास (ख) एम.जी. रानाडे
(ग) दादाभाई नौरोजी (घ) ए.ओ. ह्यूम

226. 'भारत के पितामह' इनमें से किनको कहा जाता है?
(क) एम.के. सेन (ख) राजा राममोहन राय
(ग) महात्मा गांधी (घ) दादाभाई नौरोजी

227. अर्थशास्त्र के क्षेत्र से जुड़े भारत के प्रथम विचारक कौन थे?
(क) राजा राममोहन राय (ख) मदाम भीकाजी कामा
(ग) दादाभाई नौरोजी (घ) एम.जी. रानाडे

228. इनमें से किनको तीन बार भारतीय राष्ट्रीय कांग्रेस का अध्यक्ष चुना गया?
(क) डब्ल्यू.सी. बनर्जी (ख) महात्मा गांधी
(ग) ए.ओ. ह्यूम (घ) दादाभाई नौरोजी

229. भारतीय राष्ट्रीय कांग्रेस से पहले कौन सा राष्ट्रवादी संगठन सर्वाधिक महत्त्वपूर्ण था?
(क) इंडियन एसोसिएशन ऑफ मद्रास
(ख) इंडियन एसोसिएशन ऑफ कलकत्ता

उत्तर के लिए कृपया पृष्ठ सं. 144 देखें।

(ग) इंडियन एसोसिएशन ऑफ पुणे

(घ) इंडियन एसोसिएशन ऑफ बंबई

230. जुलाई 1876 में इंडियन एसोसिएशन की स्थापना इनमें से किसने की थी?

(क) सुरेंद्रनाथ और आनंद मोहन बोस

(ख) चित्तरंजन दास और एम.जी. रानाडे

(ग) ए.ओ. ह्यूम और डब्ल्यू.सी. बनर्जी

(घ) ज्योति बा फुले

231. सन् 1870 के दशक में 'पूना सार्वजनिक सभा' का गठन इनमें से किसने किया था?

(क) चित्तरंजन दास (ख) ज्योति बा फुले

(ग) एम.जी. रानाडे (घ) बाल गंगाधर तिलक

232. भारतीय राष्ट्रीय कांग्रेस के संस्थापक कौन थे?

(क) ए.ओ. ह्यूम (ख) डब्ल्यू.सी. बनर्जी

(ग) जतिन दास (घ) एनी बेसेंट

233. भारतीय राष्ट्रीय कांग्रेस की स्थापना कहाँ हुई थी?

(क) कलकत्ता (ख) बंबई

(ग) मद्रास (घ) दिल्ली

234. भारतीय राष्ट्रीय कांग्रेस के प्रथम अध्यक्ष कौन बनाए गए थे?

(क) डब्ल्यू.सी. बनर्जी (ख) ए.ओ. ह्यूम

(ग) बाल गंगाधर तिलक (घ) बिपिन चंद्र पाल

235. सन् 1905 में भारतीय राष्ट्रीय कांग्रेस के अध्यक्ष कौन चुने गए थे?

(क) बाल गंगाधर तिलक (ख) महात्मा गांधी

(ग) गोपाल कृष्ण गोखले (घ) सैयद अहमद

236. किस अधिवेशन में कांग्रेस का दो दलों में विभाजन हो गया?

(क) लाहौर अधिवेशन (ख) लखनऊ अधिवेशन

(ग) सूरत अधिवेशन (घ) कलकत्ता अधिवेशन

237. इंडियन एसोसिएशन तथा नेशनल कॉन्फ्रेंस के संस्थापक कौन थे?

(क) आनंद मोहन बोस (ख) राममोहन पंडित

(ग) चित्तरंजन दास (घ) बिपिन चंद्र पाल

उत्तर के लिए कृपया पृष्ठ सं. 144 देखें।

238. इनमें से किस संगठन ने कांग्रेस की आधारभूमि या नींव तैयार की?
(क) इंडियन एसोसिएशन
(ख) ऑल इंडिया नेशनल कॉन्फ्रेंस
(ग) ब्राह्म समाज
(घ) प्रार्थना समाज

239. ब्रिटिश हाउस ऑफ कॉमंस में चुना जानेवाला पहला भारतीय कौन था?
(क) ए.ओ. ह्यूम (ख) बाल गंगाधर तिलक
(ग) दादाभाई नौरोजी (घ) सुरेंद्रनाथ बनर्जी

240. इनमें से कौन लगातार छह वर्ष तक भारतीय राष्ट्रीय कांग्रेस के अध्यक्ष चुने गए?
(क) दादाभाई नौरोजी (ख) डब्ल्यू.सी. बनर्जी
(ग) मौलाना अबुल कलाम आजाद (घ) रासबिहारी बोस

241. सन् 1889 में प्रारंभ भारतीय राष्ट्रीय कांग्रेस की ब्रिटिश समिति का चेयरमैन (अध्यक्ष) कौन था?
(क) विलियम वेडरबर्न (ख) ए.ओ. ह्यूम
(ग) चित्तरंजन दास (घ) दादाभाई नौरोजी

242. ये शब्द किसने कहे—"कांग्रेस वस्तुतः निहत्थों की सिविल लड़ाई है?"
(क) डब्ल्यू. डिगबाई (ख) डब्ल्यू.सी. बनर्जी
(ग) चार्ल्स एंड्रूज (घ) सैयद अहमद खाँ

243. सन् 1885 में भारतीय राष्ट्रीय कांग्रेस के पहले अधिवेशन में कितने प्रतिनिधिमंडलों ने भाग लिया?
(क) 70 (ख) 75
(ग) 72 (घ) 402

244. भारतीय राष्ट्रीय कांग्रेस की पहली महिला अध्यक्ष कौन थीं?
(क) आनंदी गोपाल (ख) सरोजिनी नायडू
(ग) कस्तूरबा गांधी (घ) अरुणा आसफ अली

245. सन् 1939 में कांग्रेस के अध्यक्ष पद के लिए त्रिपुरी अधिवेशन में सुभाषचंद्र बोस ने किसे हराया था?
(क) जवाहरलाल नेहरू (ख) बदरुद्दीन तैयबजी
(ग) डॉ. पट्टाभि सीतारामैया (घ) सी. राजगोपालाचारी

उत्तर के लिए कृपया पृष्ठ सं. 145 देखें।

246. ब्रिटिश हाउस ऑफ कॉमंस में दादाभाई नौरोजी किस पार्टी के सदस्य के रूप में चुने गए?
(क) ग्रीन रेवोल्यूशन पार्टी (ख) लेबर पार्टी
(ग) कांग्रेस पार्टी (घ) लिबरल पार्टी

247. बंगाल का विभाजन किस वर्ष हुआ था?
(क) सन् 1919 (ख) सन् 1907
(ग) सन् 1905 (घ) सन् 1903

248. सन् 1918 में किस मुद्दे को लेकर कांग्रेस का दूसरी बार विभाजन हुआ?
(क) बंग-भंग (ख) पूना पैक्ट
(ग) लखनऊ पैक्ट (घ) मांटेग्यू घोषणा

249. प्रथम भारतीय राजनीतिक-अर्थशास्त्री तथा स्वदेशी चैंपियन कौन थे?
(क) राजा राममोहन राय (ख) जवाहरलाल नेहरू
(ग) दादाभाई नौरोजी (घ) चित्तरंजन दास

250. सन् 1916 में कांग्रेस के लखनऊ अधिवेशन की अध्यक्षता किसने की थी?
(क) मौलाना अबुल कलाम आजाद (ख) जमनालाल बजाज
(ग) सुभाषचंद्र बोस (घ) अंबिका चंद्र मजूमदार

251. सन् 1918 में भारतीय राष्ट्रीय कांग्रेस के दिल्ली के अधिवेशन की अध्यक्षता इनमें से किस नेता ने की?
(क) सुभाषचंद्र बोस (ख) चित्तरंजन दास
(ग) मदनमोहन मालवीय (घ) महात्मा गांधी

252. 'कांग्रेस' शब्द कहाँ से लिया गया है?
(क) दक्षिणी अमेरिका के इतिहास से
(ख) सं.रा. अमेरिका की कांग्रेस से
(ग) अर्जेंटीना की कांग्रेस से
(घ) उत्तरी अमेरिका के इतिहास से

253. सन् 1886 में भारतीय राष्ट्रीय कांग्रेस की कलकत्ता में हुई दूसरी बैठक में कितने प्रतिनिधि शामिल हुए थे?
(क) 430 (ख) 486
(ग) 434 (घ) 450

उत्तर के लिए कृपया पृष्ठ सं. 145 देखें।

254. इनमें से किस महान् नेता ने स्वदेशी आंदोलन को देश भर में फैलाया?
(क) बाल गंगाधर तिलक (ख) गणेश वासुदेव जोशी
(ग) गोपाल कृष्ण गोखले (घ) जवाहरलाल नेहरू

255. सन् 1836 में भारतीय राष्ट्रीय कांग्रेस की कलकत्ता में हुई दूसरी बैठक की क्या विशेषता थी?
(क) 430 प्रतिनिधियों ने बैठक में भाग लिया
(ख) यह दादाभाई नौरोजी द्वारा आगे बढ़ी
(ग) सभी राष्ट्रीय नेता बैठक के बाद गिरफ्तार हुए
(घ) इसमें भा.रा. कांग्रेस और राष्ट्रीय सम्मेलन के बीच एकीकरण हुआ

256. सन् 1910 में इलाहाबाद में हुई कांग्रेस की बैठक का पहला अंग्रेज संचालक कौन था?
(क) मैडम अलकॉट (ख) डब्ल्यू.एन. जॉनसन
(ग) ए.ओ. ह्यूम (घ) विलियम वेडरबर्न

257. भारतीय राष्ट्रीय कांग्रेस के प्रथम मुसलिम अध्यक्ष कौन थे?
(क) मौलाना अबुल कलाम आजाद (ख) मोहम्मद अली जिन्ना
(ग) नवाब सलीमुल्ला (घ) बदरुद्दीन तैयबजी

258. स्वतंत्रता-प्राप्ति के समय भारतीय राष्ट्रीय कांग्रेस के अध्यक्ष कौन थे?
(क) जवाहरलाल नेहरू (ख) सुचेता कृपलानी
(ग) बदरुद्दीन तैयबजी (घ) जे.बी. कृपलानी

259. भारतीय राष्ट्रीय कांग्रेस ने 'पूर्ण स्वराज' का प्रस्ताव किस वर्ष पारित किया?
(क) सन् 1930 (ख) सन् 1947
(ग) सन् 1940 (घ) सन् 1929

260. पूर्ण स्वराज का प्रस्ताव भारतीय राष्ट्रीय कांग्रेस द्वारा किस बैठक में पारित किया गया था?
(क) कलकत्ता (ख) बंबई
(ग) लाहौर (घ) दिल्ली

261. भारतीय राष्ट्रीय कांग्रेस की स्थापना किस ब्रिटिश वायसराय के शासनकाल में हुई?
(क) लॉर्ड कर्जन (ख) लॉर्ड डफरिन
(ग) लॉर्ड कार्नवालिस (घ) डिजराइली

उत्तर के लिए कृपया पृष्ठ सं. 145 देखें।

262. भारतीय राष्ट्रीय कांग्रेस की स्थापना के समय भारत में भारत सचिव कौन था?

(क) लॉर्ड चार्ल्स (ख) लॉर्ड चेम्सफोर्ड

(ग) मार्ल (घ) लॉर्ड क्रूज

263. सन् 1885 में बंबई में आयोजित कांग्रेस अधिवेशन में इनमें से किसने भाग नहीं लिया था?

(क) बाल गंगाधर तिलक (ख) चित्तरंजन दास

(ग) सुरेंद्रनाथ बनर्जी (घ) विपिनचंद्र पाल

264. भारतीय राष्ट्रीय कांग्रेस के प्रथम अंग्रेज अध्यक्ष कौन थे?

(क) ए.ओ. ह्यूम (ख) लॉर्ड एलिान

(ग) लॉर्ड डफरिन (घ) जॉर्ज युले

265. सन् 1934 में पटना में प्रथम अखिल भारतीय कांग्रेस समाजवादी कॉन्फ्रेंस किसने बुलाई थी?

(क) विनायक दामोदर सावरकर (ख) जे.बी. कृपलानी

(ग) मौलाना अबुल कलाम आजाद (घ) जयप्रकाश नारायण

266. सन् 1920 में ऑल इंडिया ट्रेड यूनियन कांग्रेस के उद्घाटन सत्र (अधिवेशन) के अध्यक्ष कौन थे?

(क) सुभाषचंद्र बोस (ख) फखरुद्दीन अली अहमद

(ग) एन.एम. जोशी (घ) लाला लाजपत राय

267. ब्रिटिश विरोधी गतिविधियों के कारण लाला लाजपतराय कहाँ भेज दिए गए थे?

(क) साइप्रस (ख) श्रीलंका

(ग) मांडले (घ) केन्या

268. ये शब्द किसने कहे थे—"कांग्रेस का आंदोलन न तो जनता की प्रेरणा से आरंभ हुआ और न ही जनता ने इसकी योजना बनाई?"

(क) राजगोपालाचारी (ख) लाला लाजपत राय

(ग) महात्मा गांधी (घ) एम.जी. रानाडे

269. भारतीय राष्ट्रीय कांग्रेस ने अपने अधिवेशन में अहिंसक एवं असहयोग आंदोलन आरंभ करने का निर्णय कहाँ पर लिया था?

(क) पुणे (ख) बंबई

(ग) लखनऊ (घ) कलकत्ता

उत्तर के लिए कृपया पृष्ठ सं. 145 देखें।

270. यह घोषणा किसने की थी—"भारत की एकमात्र आशा उसकी आम जनता है। उच्च वर्ग शारीरिक एवं नैतिक दृष्टि से मुरदा हो चुका है?"

(क) गोपाल कृष्ण गोखले (ख) बाल गंगाधर तिलक

(ग) महात्मा गांधी (घ) स्वामी विवेकानंद

271. कांग्रेस संस्था को 'इंडियन नेशनल कांग्रेस' नाम किसने दिया था?

(क) ए.ओ. ह्यूम (ख) दादाभाई नौरोजी

(ग) डब्ल्यू.सी. बनर्जी (घ) गोपाल कृष्ण गोखले

272. किस अधिवेशन में सुभाषचंद्र बोस सर्वसम्मति से कांग्रेस के अध्यक्ष चुने गए?

(क) रामपुर (ख) हरिपुरा

(ग) श्रीरामपुर (घ) कानपुर

273. सन् 1929 में भारतीय राष्ट्रीय कांग्रेस के लाहौर अधिवेशन की अध्यक्षता किसने की थी?

(क) महात्मा गांधी (ख) मोतीलाल नेहरू

(ग) सुभाषचंद्र बोस (घ) जवाहरलाल नेहरू

274. किस अधिवेशन में इंडियन नेशनल कांग्रेस 'भारतीय' एवं 'राष्ट्रीय' दोनों रूपों में बदल गई?

(क) 1916 के लखनऊ अधिवेशन में

(ख) 1910 के इलाहाबाद अधिवेशन में

(ग) 1915 के पुणे अधिवेशन में

(घ) 1907 के सूरत अधिवेशन में

275. इनमें से किसे भारतीय स्वाधीनता आंदोलन का जनक कहा जाता है?

(क) महात्मा गांधी (ख) लाला लाजपत राय

(ग) राजा राममोहन राय (घ) बाल गंगाधर तिलक

276. भारत के वयोवृद्ध नेता दादाभाई नौरोजी निम्नलिखित में से किस संस्था के संस्थापक थे?

(क) बॉम्बे प्रेसीडेंसी एसोसिएशन, 1885

(ख) ईस्ट इंडिया एसोसिएशन, 1886

(ग) पूना सार्वजनिक सभा, 1870

(घ) इंडियन नेशनल कॉन्फ्रेंस, 1883

उत्तर के लिए कृपया पृष्ठ सं. 145 देखें।

277. बंग-भंग को रोकने के लिए कांग्रेस ने सरकार पर अतिरिक्त दबाव डालने के लिए इनमें से किसे हथियार के रूप में प्रयोग किया?

(क) स्वदेशी और बॉयकाट (ख) सत्याग्रह

(ग) असहयोग आंदोलन (घ) सविनय अवज्ञा

278. इनमें से कौन पंजाब में कीर्ति और कम्युनिस्ट आंदोलन के संस्थापक थे?

(क) गदरवाले (ख) क्रांतिकारी

(ग) बंगाल के क्रांतिकारी (घ) भारत की कम्युनिस्ट पार्टी

279. इनमें से किसने कांग्रेस और मुसलिम लीग को एक साथ जोड़ने में महत्त्वपूर्ण भूमिका निभाई?

(क) मोहम्मद अली जिन्ना (ख) लोकमान्य तिलक

(ग) दादाभाई नौरोजी (घ) गोपाल कृष्ण गोखले

280. इनमें कौन सा नेता हिंदू हितों की रक्षार्थ सरकार को सहयोग देने के लक्ष्य से गठित स्वराज पार्टी में अनुक्रियावादी ग्रुप से नहीं जुड़ा था?

(क) बाल गंगाधर तिलक (ख) एन.सी. केलकर

(ग) मदन मोहन मालवीय (घ) लाला लाजपत राय

281. किस कारण से मोहम्मद अली जिन्ना ने मुसलमानों के लिए अलग निर्वाचन मंडल, केंद्रीय विधानमंडल में एक-तिहाई सीटें आदि जैसी चौदह सूत्री माँगें रखीं?

(क) नेहरू रिपोर्ट में शामिल प्रस्तावों पर मतभेदों के कारण

(ख) भारत के संविधान के संबंध में ब्रिटिश सरकार की चुनौती

(ग) हिंदू महासभा तथा सिक्ख लीग की सांप्रदायिक राजनीति

(घ) बहुमत के शासन का भय

282. निम्नलिखित में से किस ऐक्ट के अंतर्गत बंगाल का विभाजन हुआ था?

(क) मांटेग्यू-चेम्सफोर्ड सुधार, 1919

(ख) भारतीय संवैधानिक सुधार रिपोर्ट, 1918

(ग) मिंटो-मार्ले सुधार, 1909

(घ) 12 दिसंबर, 1911 में दिल्ली दरबार में ताजपोशी के दौरान सम्राट् द्वारा की गई घोषणा

283. निम्नलिखित में से कौन सा प्रभाव स्वदेशी आंदोलन से नहीं जुड़ा है?

उत्तर के लिए कृपया पृष्ठ सं. 145 देखें।

(क) विदेशों में भारतीय माल के लिए बाजार बना

(ख) राष्ट्रवादी काव्य, गद्य तथा पत्रकारिता फली-फूली

(ग) (क) और (ख) दोनों

(घ) इनमें से कोई नहीं

284. सन् 1923 में 'नागपुर ध्वज सत्याग्रह' क्यों आयोजित किया गया?

(क) सार्वजनिक सभाओं पर लगे प्रतिबंध के विरुद्ध

(ख) कांग्रेस के झंडे के इस्तेमाल पर लगे प्रतिबंध के विरुद्ध

(ग) कांग्रेस झंडा लहराने पर अंधाधुंध गिरफ्तारी के विरुद्ध

(घ) वंदे मातरम् के गायन पर लगे प्रतिबंध के विरुद्ध

□

उत्तर के लिए कृपया पृष्ठ सं. 145 देखें।

5

क्रांतिकारी आंदोलन का उदय और पुनरुत्थान

285. निम्नलिखित में से कौन नरमपंथी नेता नहीं कहे जाते?
   (क) ए.ओ. ह्यूम (ख) गोपाल कृष्ण गोखले
   (ग) डब्ल्यू.सी. बनर्जी (घ) लाला लाजपत राय
286. लंदन में कर्जन वायली का वध करनेवाले मदनलाल ढींगरा कौन थे?
   (क) सेक्रेटरी ऑफ स्टेट फॉर इंडिया
   (ख) सलाहकार, सेक्रेटरी ऑफ स्टेट फॉर इंडिया
   (ग) इंडियन नेशनल कांग्रेस के अध्यक्ष
   (घ) ब्रिटिश विभाग में अधिकारी
287. चटगाँव शस्त्रागार को लूटने की योजना इनमें से किसने बनाई थी?
   (क) सोहन सिंह भकना (ख) सुखदेव
   (ग) राजगुरु (घ) सूर्यसेन
288. काकोरी ट्रेन डकैती मामले में निम्नलिखित में से किसे फाँसी नहीं हुई थी?
   (क) अशफाक उल्ला खाँ (ख) रोशन सिंह
   (ग) रामप्रसाद बिस्मिल (घ) एस.ए. डांगे
289. हिंदुस्तान सोशलिस्ट रिपब्लिकन एसोसिएशन की स्थापना कब हुई थी?
   (क) 9 सितंबर, 1929 (ख) 4 मार्च, 1930
   (ग) 9 जून, 1932 (घ) 4 अगस्त, 1930

उत्तर के लिए कृपया पृष्ठ सं. 145 देखें।

290. सरदार भगतसिंह ने 'नौजवान भारत सभा' की स्थापना किस वर्ष की थी?

(क) सन् 1920 (ख) सन् 1925

(ग) सन् 1930 (घ) सन् 1932

291. स्वतंत्रता आंदोलन के दौरान प्रसिद्ध चौरीचौरा कांड किस वर्ष घटित हुआ था?

(क) सन् 1920 (ख) सन् 1921

(ग) सन् 1922 (घ) सन् 1925

292. जिस जेल में भगतसिंह से पूछताछ की गई थी, उस जेल का अधीक्षक कौन था?

(क) खान बहादुर (ख) शमीमुल्ला

(ग) राम प्रताप (घ) एस.एम. सेन

293. काकोरी कांड मामले में कितने क्रांतिकारियों को बंदी बनाया गया था?

(क) 10 (ख) 15

(ग) 4 (घ) 8

294. इनमें से किसे 'शेर-ए-पंजाब' कहा जाता था?

(क) राजगुरु (ख) लाला हरदयाल

(ग) भगतसिंह (घ) लाला लाजपत राय

295. लाहौर षड्यंत्र मामले में कितने क्रांतिकारियों को बंदी बनाया गया था?

(क) 20 (ख) 30

(ग) 19 (घ) 28

296. 'व्यक्तिगत सविनय अवज्ञा आंदोलन' किस वर्ष चलाया गया?

(क) सन् 1920 (ख) सन् 1940

(ग) सन् 1942 (घ) सन् 1943

297. निम्नलिखित में से कौन 'रेड शर्ट आंदोलन' से जुड़ा था?

(क) लाला लाजपत राय (ख) जतींद्र नाथ

(ग) खान अब्दुल गफ्फार खान (घ) खान बहादुर

298. बाल गंगाधर तिलक किस क्रांतिकारी सोसाइटी से जुड़े थे?

(क) गदर (ख) यंग इंडिया

(ग) अनुशीलन समिति (घ) देव समाज

उत्तर के लिए कृपया पृष्ठ सं. 145-146 देखें।

299. भगतसिंह, राजगुरु और सुखदेव—इन तीन क्रांतिकारियों को 23 मार्च, 1931 को फाँसी कहाँ पर दी गई थी?
(क) बंबई सेंट्रल जेल (ख) मद्रास सेंट्रल जेल
(ग) पुणे सेंट्रल जेल (घ) लाहौर सेंट्रल जेल

300. इनमें से कौन सा क्रांतिकारी संगठन काकोरी कांड में शामिल था?
(क) यंग बंगाल (ख) हिंदुस्तान रिपब्लिकन एसोसिएशन
(ग) रेड शर्ट आंदोलन (घ) अनुशीलन समिति

301. लाहौर के सहायक पुलिस अधीक्षक सांडर्स का वध किस क्रांतिकारी ने किया था?
(क) रामप्रसाद बिस्मिल (ख) भगतसिंह
(ग) सूर्यसेन (घ) जतिन दास

302. 'हिंदुस्तान सोशलिस्ट रिपब्लिकन एसोसिएशन' के संस्थापक कौन थे?
(क) चंद्रशेखर आजाद (ख) राजगुरु
(ग) सुखदेव (घ) लीला नाग

303. इनमें से किस क्रांतिकारी ने पंजाब के गवर्नर माइकेल ओ'डायर का वध किया था?
(क) जतिन दास (ख) सरदार भगतसिंह
(ग) राजगुरु (घ) सरदार ऊधमसिंह

304. अमृतसर के जलियाँवाला बाग में निहत्थे-निर्दोष लोगों पर बेरहमी से गोलियाँ चलाने का आदेश किसने दिया?
(क) लॉर्ड कर्जन (ख) सांडर्स
(ग) माइकेल ओ'डायर (घ) विलियम जॉनसन

305. भारत के क्रांतिकारी आंदोलन में भाग लेनेवाला एकमात्र भारतीय राजकुमार कौन था?
(क) राजा दिलीप सेन (ख) राजा महेंद्र प्रताप
(ग) राजा सुरेंद्र प्रताप (घ) राजा अशोक चंद्र

306. दिसंबर 1912 में दिल्ली के चाँदनी चौक में वायसराय लॉर्ड हार्डिंग पर बम किस क्रांतिकारी ने फेंका था?
(क) सुखदेव (ख) राजगुरु
(ग) भगतसिंह (घ) रासबिहारी बोस

उत्तर के लिए कृपया पृष्ठ सं. 146 देखें।

307. इनमें से किस क्रांतिकारी संगठन में सबसे ज्यादा युवा क्रांतिकारी महिलाएँ शामिल थीं?

(क) हिंदुस्तान रिपब्लिकन एसोसिएशन (ख) अभिनव भारत

(ग) इंडियन रिपब्लिकन आर्मी (घ) युगांतर

308. 8 अप्रैल, 1929 को केंद्रीय विधानसभा में बम फेंकनेवाले कौन-कौन थे?

(क) भगतसिंह और बटुकेश्वर दत्त (ख) सूर्यसेन और जतिन दास

(ग) भगतसिंह और सुखदेव (घ) राजगुरु और भगतसिंह

309. पहली बार भारतीय स्वाधीनता का तिरंगा झंडा कब लहराया गया था?

(क) 26 जनवरी, 1930 (ख) 31 दिसंबर, 1929

(ग) 30 मार्च, 1928 (घ) 1 जनवरी, 1930

310. भारत में पहला स्वतंत्रता दिवस कब मनाया गया?

(क) 26 जनवरी, 1929 (ख) 26 अक्तूबर, 1930

(ग) 26 जनवरी, 1930 (घ) 26 जून, 1930

311. इनमें से किसने स्वतंत्रता के लिए गांधीजी द्वारा अपनाए गए तरीके को 'आधी रात का स्वप्न' कहा था?

(क) जतिन दास (ख) लाला लाजपत राय

(ग) जवाहरलाल नेहरू (घ) बरकत अली

312. फरवरी 1931 में इलाहाबाद में अंग्रेज पुलिस के साथ हुई मुठभेड़ में किस वीर क्रांतिकारी ने अंतिम गोली स्वयं को मारकर अपने प्राण निछावर कर दिए थे?

(क) चंद्रशेखर आजाद (ख) भगतसिंह

(ग) सुखदेव (घ) राजगुरु

313. इंडियन रिपब्लिकन आर्मी के संस्थापक कौन थे?

(क) लीला नाग (ख) चंद्रशेखर आजाद

(ग) भगतसिंह (घ) सूर्यसेन

314. 'बंगाल वालंटियर' नामक संगठन की स्थापना इनमें से किसने की थी?

(क) रामप्रसाद बिस्मिल (ख) अशफाक उल्ला खाँ

(ग) अनिल रॉय (घ) हेमचंद्र घोष

उत्तर के लिए कृपया पृष्ठ सं. 146 देखें।

315. 'आजाद हिंद फौज' की स्थापना कहाँ पर हुई थी?
(क) बर्मा (ख) सिंगापुर
(ग) जापान (घ) चीन

316. 'लाल-बाल-पाल' के नाम से प्रसिद्ध तिकड़ी में 'बाल' कौन थे?
(क) बाल गंगाधर तिलक (ख) टी.वी. बालयोगी
(ग) अरविंद घोष (घ) राम बालयोगी

317. 'लाल-बाल-पाल' के नाम से प्रसिद्ध तिकड़ी में 'पाल' कौन थे?
(क) पी.एस. पाल (ख) बिपिनचंद्र पाल
(ग) रामनरेश पाल (घ) श्यामसुंदर पाल

318. कांग्रेस में गरम दल के नेता इनमें से कौन थे?
(क) बिपिनचंद्र पाल (ख) गोपाल कृष्ण गोखले
(ग) भगतसिंह (घ) बाल गंगाधर तिलक

319. स्वदेशी आंदोलन सबसे पहले किस राज्य में आरंभ हुआ था?
(क) पंजाब (ख) बिहार
(ग) बंगाल (घ) उत्तर प्रदेश

320. पंजाब में स्वदेशी आंदोलन किस आर्यसमाजी नेता द्वारा प्रचारित किया गया?
(क) लाला हरदयाल (ख) लाला लाजपत राय
(ग) भगतसिंह (घ) प्रफुल्ल चाकी

321. सन् 1874 में 'गणपति उत्सव' मनाने की शुरुआत इनमें से किस नेता द्वारा की गई?
(क) गोपाल कृष्ण गोखले (ख) एस.टी. शिंदे
(ग) एम.जी. रानाडे (घ) बाल गंगाधर तिलक

322. सन् 1896 में शुरू हुए 'शिवाजी उत्सव' को प्रारंभ करनेवाले कौन थे?
(क) एम.जी. रानाडे (ख) स्वामी दयानंद सरस्वती
(ग) बाल गंगाधर तिलक (घ) श्रीअरविंद घोष

323. दो कुख्यात ब्रिटिश अधिकारियों—रैंड और एम्हर्स्ट का वध निम्न में से किस क्रांतिकारी ने किया था?
(क) चापेकर बंधु (ख) अली बंधु
(ग) भगतसिंह (घ) मदनलाल ढींगरा

उत्तर के लिए कृपया पृष्ठ सं. 146 देखें।

324. चापेकर बंधुओं के क्या नाम थे?
(क) दामोदर और बालकृष्ण (ख) वृंदा और अरविंद घोष
(ग) पुलिन दास और निवेदिता (घ) राजगुरु और भगतसिंह

325. चापेकर बंधु किस क्रांतिकारी संगठन से जुड़े हुए थे?
(क) यंग इंडिया (ख) हिंदू धर्म सभा
(ग) अनुशीलन समिति (घ) युगांतर समूह

326. तिलक के मार्गदर्शन में कौन सी सोसाइटी गठित की गई?
(क) आत्मोन्नति समिति (ख) अनुशीलन समिति
(ग) आर्य बांधव समाज (घ) देव समाज

327. आर्य बांधव समाज के प्रमुख नेता अनंत लक्ष्मण कान्हेरे ने किस अंग्रेज अधिकारी का वध किया?
(क) जैक्सन, नासिक का डी.एम. (ख) स्मिथ कॉल, पुणे का डी.एम.
(ग) जॉनसन, बंबई का डी.एम. (घ) सांडर्स, कलकत्ता का डी.एम.

328. 'भारत माता एसोसिएशन' के संस्थापक इनमें से कौन थे?
(क) नीलकंठ ब्रह्मचारी (ख) एस.के. पांडे
(ग) पी.एस. बालकृष्ण (घ) लाला लाजपत राय

329. 'भारत माता सोसाइटी' के संस्थापक इनमें से कौन थे?
(क) बंकिम चंद्र चटर्जी (ख) सत्यम बनर्जी
(ग) तपन दास (घ) जे.एम. चटर्जी

330. गदर पार्टी का गठन कहाँ पर किया गया था?
(क) लंदन (ख) अमेरिका
(ग) भारत (घ) बर्मा

331. इनमें से किनके द्वारा गदर पार्टी की स्थापना की गई?
(क) लाला हरदयाल (ख) लाला लाजपत राय
(ग) एस.एम. सेन (घ) एम.जी. रानाडे

332. 'अनुशीलन समिति' के संस्थापक इनमें से कौन थे?
(क) रासबिहारी बोस और भगतसिंह
(ख) राजा राममोहन राय
(ग) सतीशचंद्र बोस और प्रमथनाथ मित्र
(घ) सुरेशचंद्र कौशिक और सुभाषचंद्र बोस

उत्तर के लिए कृपया पृष्ठ सं. 146 देखें।

333. 'ढाका अनुशीलन समिति' के संस्थापक इनमें से कौन थे?

(क) रासबिहारी बोस (ख) पुलिन बिहारी दास
(ग) राजा सोमनाथ (घ) जतिन दासगुप्ता

334. 'आत्मोन्नति समिति' के संस्थापक इनमें से कौन थे?

(क) बिपिन बिहारी गांगुली (ख) राजा राममोहन राय
(ग) जतिन दासगुप्ता (घ) श्यामजी कृष्ण वर्मा

335. बँगला भाषा में प्रवीण किस मराठी विद्वान् ने बंगाल और महाराष्ट्र के क्रांतिकारियों के बीच सेतु का काम किया?

(क) एम.जी. रानाडे (ख) के.एस. पांडे
(ग) श्यामजी कृष्ण वर्मा (घ) शंकरम गणेश देवस्कर

336. 'बाघ (टाइगर) जतिन' निम्न में से किसे कहा जाता था?

(क) जतिन दास (ख) जतिन दास बनर्जी
(ग) जतींद्रनाथ मुखर्जी (घ) जतींद्रनाथ सेन

337. इनमें से किस नेता ने मुजफ्फरपुर (बिहार) में किंग्सफोर्ड नामक जज का वध किया था?

(क) प्रफुल्ल चाकी और खुदीराम बोस
(ख) प्रफुल्ल चाकी और सुखदेव
(ग) खुदीराम बोस और बटुकेश्वर दत्त
(घ) बटुकेश्वर दत्त और भगतसिंह

338. निम्न में से कौन बंगाल और पंजाब के क्रांतिकारियों के बीच सेतु बना?

(क) जतींद्रनाथ मुखर्जी (ख) श्रीअरविंद घोष
(ग) भूपेंद्र दत्त (घ) रासबिहारी बोस

339. सुभाषचंद्र बोस द्वारा गठित इंडियन नेशनल आर्मी (आई.एन.ए.) ने भारत की मुक्ति के लिए सशस्त्र आक्रमण किया था; लेकिन अप्रैल 1945 में उन्हें किस स्थान पर पीछे हटना पड़ा?

(क) लखनऊ (ख) ढाका
(ग) गुवाहाटी (घ) इंफाल

340. रासबिहारी बोस ब्रिटिशों की आँखों में धूल झोंककर देश से बाहर कहाँ चले गए थे?

उत्तर के लिए कृपया पृष्ठ सं. 146 देखें।

(क) म्याँमार (ख) नेपाल

(ग) जापान (घ) श्रीलंका

341. द्वितीय विश्वयुद्ध के दौरान इंडियन इंडिपेंडेंस लीग और इंडियन नेशनल आर्मी का गठन किसने किया?

(क) सुभाषचंद्र बोस (ख) निवेदिता घोष

(ग) भगतसिंह (घ) रासबिहारी बोस

342. इनमें से किसने लंदन में 'इंडिया हाउस' की स्थापना की थी?

(क) श्यामजी कृष्ण वर्मा (ख) लाला हरदयाल

(ग) सरदार ऊधम सिंह (घ) जवाहरलाल नेहरू

343. यह किसने कहा था—"राजनीतिक स्वतंत्रता राष्ट्र का जीवन-प्राण है"?

(क) भगतसिंह (ख) बाल गंगाधर तिलक

(ग) विनायक दामोदर सावरकर (घ) अरविंद घोष

344. इनमें से किस क्रांतिकारी संगठन के साथ बाल गंगाधर तिलक व्यक्तिगत रूप से जुड़े थे?

(क) आर्य बांधव समाज (ख) आर्य समाज

(ग) युगांतर (घ) हिंदुस्तान रिपब्लिकन आर्मी

345. विनायक दामोदर सावरकर, श्यामजी कृष्ण वर्मा और लाला हरदयाल किस विचारधारा के नेता थे?

(क) क्रांतिकारी (ख) नरमपंथी

(ग) राजनीतिक सुधारक (घ) गरमपंथी

346. 'अभिनव भारत' की स्थापना किस स्थान पर की गई थी?

(क) उत्तर प्रदेश (ख) बिहार

(ग) महाराष्ट्र (घ) बंगाल

347. एम.एन. रॉय इनमें से किस संस्था से जुड़े थे?

(क) अभिनव भारत में क्रांतिकारी

(ख) एच.एस.आर.ए. के क्रांतिकारी

(ग) साम्यवादी क्रांतिकारी

(घ) कांग्रेस के उग्रपंथी

348. भगतसिंह और बटुकेश्वर दत्त ने सेंट्रल असेंबली में बम कब फेंके थे?

उत्तर के लिए कृपया पृष्ठ सं. 146 देखें।

(क) 8 अप्रैल, 1929 (ख) 23 मई, 1929
(ग) 4 मार्च, 1929 (घ) 13 मार्च, 1929

349. जलियाँवाला बाग हत्याकांड पर हंटर कमीशन की रिपोर्ट किस वर्ष प्रकाशित हुई थी?
(क) सन् 1922 (ख) सन् 1921
(ग) सन् 1919 (घ) सन् 1920

350. 'स्वदेशी आंदोलन' का अर्थ है—
(क) भारत पर शासन
(ख) विदेशी वस्तुओं का बहिष्कार
(ग) सभी वस्तुओं का भारत में उत्पादन
(घ) नमक का उत्पादन

351. भारत के राष्ट्रीय ध्वज का डिजाइन इनमें से किसने तैयार किया था?
(क) एनी बेसेंट (ख) मदाम भीकाजी कामा
(ग) एस.एम. सेन (घ) जतींद्रनाथ

352. निम्नलिखित में से कौन स्वराज पार्टी के अध्यक्ष थे?
(क) मोतीलाल नेहरू (ख) पी.के. जोशी
(ग) जवाहरलाल नेहरू (घ) महात्मा गांधी

353. साम्यवादी पार्टी के संस्थापक इनमें से कौन थे?
(क) चित्तरंजन दास (ख) एम.एन. रॉय
(ग) भगतसिंह (घ) मोहम्मद अली जिन्ना

354. 9 अगस्त, 1925 को राजेंद्रनाथ लाहिड़ी को किस मामले में गिरफ्तार किया गया था?
(क) काकोरी ट्रेन डकैती (ख) मानिकतल्ला षड्यंत्र
(ग) ढाका षड्यंत्र (घ) रैंड हत्याकांड

355. किस पर साइमन कमीशन का विरोध करते समय निर्दयतापूर्वक लाठियाँ बरसाई गईं और इसके अठारह दिन बाद 17 नवंबर, 1928 को उनकी मृत्यु हो गई?
(क) लाला हरदयाल (ख) आर.ए. किदवई
(ग) सैयद खान (घ) लाला लाजपत राय

356. यह चेतावनी किसने दी थी—"मेरे ऊपर चलाई गई एक-एक लाठी

उत्तर के लिए कृपया पृष्ठ सं. 146 देखें।

भारत में ब्रिटिश साम्राज्यवाद के कफन पर लगी कील साबित होगी ?''

(क) भगतसिंह (ख) जतिन दास

(ग) लाला लाजपत राय (घ) केशव कर्वे

357. श्रीअरविंद को किस मामले में गिरफ्तार करके उन पर मुकदमा चलाया गया था ?

(क) अलीपुर बम कांड (ख) कोल्हापुर बम कांड

(ग) लाहौर षड्यंत्र कांड (घ) (क) और (ख) दोनों

358. नेशनल कॉलेज, लाहौर के संस्थापक इनमें से कौन थे ? (जहाँ भगतसिंह और सुखदेव जैसे दो इतिहास-प्रसिद्ध छात्र पढ़ते थे।)

(क) डी.के. कर्वे (ख) मदाम भीकाजी कामा

(ग) अजमल खाँ (घ) लाला लाजपत राय

359. मिदनापुर में 'आनंद मठ' जैसी क्रांतिकारी गुप्त सोसाइटी के संस्थापक इनमें से कौन थे ?

(क) सत्येंद्रनाथ बोस (ख) सुभाषचंद्र बोस

(ग) चापेकर बंधु (घ) पी. आनंद चार्लू

360. ऑल इंडिया फारवर्ड ब्लॉक के संस्थापक इनमें से कौन थे ?

(क) रासबिहारी बोस (ख) सुभाषचंद्र बोस

(ग) चित्तरंजन दास (घ) योगेश चंद्र चटर्जी

361. आई.एन.ए. (इंडियन नेशनल आर्मी) का मुख्यालय सिंगापुर से हटाकर किस स्थान पर बनाया गया ?

(क) जापान (ख) बर्लिन

(ग) रंगून (घ) नेपाल

362. यह घोषणा किसने की थी कि ''भारत एक गणराज्य देश होगा, इसकी राष्ट्रीय भाषा हिंदी होगी तथा देवनागरी राष्ट्रीय लिपि होगी'' ?

(क) के.आर. कामा (ख) पी. आनंद

(ग) जे.सी. चटर्जी (घ) मदाम भीकाजी कामा

363. प्रथम विश्वयुद्ध के दौरान भारत में कौन सा आंदोलन अधिक तेज हुआ ?

(क) स्वदेशी और बहिष्कार (ख) अलगाववादी आंदोलन

(ग) होमरूल आंदोलन (घ) असहयोग आंदोलन

364. फाँसी की सजा सुनाने पर जज को ये शब्द किसने कहे थे—''मैं इस बात

उत्तर के लिए कृपया पृष्ठ सं. 146-147 देखें।

पर गर्व महसूस कर रहा हूँ कि मुझे देश पर अपना जीवन न्योछावर करने का मान–सम्मान मिला है''?

(क) मदनलाल ढींगरा (ख) भगतसिंह

(ग) राजगुरु (घ) खुदीराम बोस

365. पुलिस के साथ अकेले लड़ते समय चंद्रशेखर आजाद ने अपनी जेब में रखी आखिरी गोली से खुद की जान ली। यह घटना किस स्थान पर हुई थी?

(क) अल्फ्रेड पार्क, इलाहाबाद

(ख) जिम कॉर्बेट पार्क, उत्तर प्रदेश

(ग) कान्हा नेशनल पार्क, मध्य प्रदेश

(घ) घाना पक्षी पार्क, राजस्थान

366. सन् 1925 में लाहौर में 'नवजीवन भारत सभा' की स्थापना इनमें से किसने की थी?

(क) चंद्रशेखर आजाद (ख) राजगुरु

(ग) भगतसिंह (घ) खुदीराम बोस

367. सन् 1913 में स्थापित 'हिंद एसोसिएशन' के संस्थापक कौन थे?

(क) एम.एस. ऐनी (ख) एम.ए. अंसारी

(ग) सुब्रह्मण्यम भारती (घ) सोहन सिंह भकना

368. काकोरी ट्रेन डकैती मामले में इनमें से किसे गिरफ्तार किया गया?

(क) राजगुरु (ख) रामप्रसाद बिस्मिल

(ग) विनायक दामोदर सावरकर (घ) जतिन दास

369. 11 अगस्त, 1908 को इनमें से किस क्रांतिकारी को सबसे पहले फाँसी दी गई थी?

(क) सुखदेव (ख) जतिन दास

(ग) खुदीराम बोस (घ) रासबिहारी बोस

370. भारत के स्वाधीनता संग्राम के अधिकांश नरमपंथी नेता कहाँ से संबद्ध थे?

(क) बिहार (ख) ग्रामीण क्षेत्र

(ग) शहरी क्षेत्र (घ) (ख) और (ग) दोनों

371. गदर नेताओं द्वारा 21 फरवरी, 1915 किस क्षेत्र में सशस्त्र विद्रोह की तारीख तय की गई?

उत्तर के लिए कृपया पृष्ठ सं. 147 देखें।

(क) बिहार (ख) बंगाल
(ग) राजस्थान (घ) मद्रास

372. विद्रोह की सफलता के बाद रॉयल इंडियन नेवी द्वारा कौन सा झंडा फहराया गया?
(क) राष्ट्रीय झंडा (ख) मुसलिम लीग का झंडा
(ग) लाल झंडा (घ) उपर्युक्त सभी

373. विद्रोहियों की गतिविधियों को इनमें से किस राजनीतिक पार्टी ने सहयोग दिया?
(क) कांग्रेस (ख) कांग्रेस समाजवादी पार्टी
(ग) मुसलिम लीग (घ) हिंदू महासभा

374. रवींद्रनाथ टैगोर ने किस घटना का विरोध जताते हुए 'नाइट हुड' की उपाधि ब्रिटिश सरकार को वापस लौटा दी थी?
(क) जलियाँवाला बाग हत्याकांड (ख) बंगाल विभाजन
(ग) चापेकर बंधुओं को फाँसी (घ) इनमें से कोई नहीं

□

उत्तर के लिए कृपया पृष्ठ सं. 147 देखें।

6

वायसराय-काल की प्रमुख घटनाएँ (1857-1947)

375. इनमें से किस नेता ने मुसलिम सांप्रदायिकतावाद को बढ़ावा दिया?
(क) मजहर-उल-हक (ख) मोहम्मद अली जिन्ना
(ग) अली खान (घ) सर सैयद अहमद खाँ

376. अरहार आंदोलन इनमें से किस नेता ने चलाया?
(क) मौलाना मोहम्मद अली (ख) बरकत अली खान
(ग) सैयद अहमद खान (घ) खान अब्दुल गफ्फार खाँ

377. गदर पार्टी का गठन किस वर्ष किया गया था?
(क) सन् 1912 (ख) सन् 1913
(ग) सन् 1923 (घ) सन् 1919

378. सन् 1881 में जब पहला फैक्टरी अधिनियम पास किया गया, उस समय भारत के वायसराय कौन थे?
(क) लॉर्ड रिपन (ख) लॉर्ड कर्जन
(ग) लॉर्ड एल्गिन (घ) लॉर्ड मिंटो

379. मौलाना मोहम्मद अली और शौकत अली ने कौन सा आंदोलन चलाया था?
(क) अरहार आंदोलन (ख) खिलाफत आंदोलन
(ग) सतारा आंदोलन (घ) साम्यवादी आंदोलन

380. इनमें से किस नेता ने 'होमरूल लीग' की स्थापना की थी?

उत्तर के लिए कृपया पृष्ठ सं. 147 देखें।

(क) श्रीमती सरोजिनी नायडू (ख) सोहन सिंह भकना
(ग) तारानाथ दास (घ) एनी बेसेंट

381. 'होमरूल लीग' की स्थापना किस वर्ष की गई?
(क) सन् 1914 (ख) सन् 1916
(ग) सन् 1918 (घ) सन् 1926

382. मुसलिम लीग ने स्वायत्त शासन की नीति को किस समय अपना लक्ष्य बनाया था?
(क) सन् 1910 (ख) सन् 1922
(ग) सन् 1912 (घ) सन् 1909

383. बाल गंगाधर तिलक ने किस वर्ष होमरूल लीग की स्थापना की?
(क) सन् 1916 (ख) सन् 1908
(ग) सन् 1920 (घ) सन् 1942

384. वर्ष 1914 में अमेरिका में इंडियन होमरूल लीग की स्थापना इनमें से किस नेता ने की थी?
(क) लाला हरदयाल (ख) एनी बेसेंट
(ग) बाल गंगाधर तिलक (घ) लाला लाजपत राय

385. एनी बेसेंट के होमरूल आंदोलन का क्या उद्देश्य था?
(क) नारी शिक्षा (ख) भारतीयों को स्वायत्त शासन
(ग) कर रहित वस्तुएँ (घ) मानसिक स्तर पर क्रांति

386. सन् 1865 में इंग्लैंड और भारत के बीच पनडुब्बी टेलीग्राफी सिस्टम किसने प्रारंभ किया?
(क) सर लॉरेंस (ख) लॉर्ड मिंटो
(ग) लॉर्ड एल्गिन (घ) लॉर्ड हार्डिंग

387. वर्नाक्यूलर प्रेस ऐक्ट, 1878 जब आया, उस समय भारत का वायसराय कौन था?
(क) लॉर्ड लैंडसोने (ख) लॉर्ड रिपन
(ग) लॉर्ड लिटन (घ) लॉर्ड चेम्सफोर्ड

388. सन् 1877 में महारानी विक्टोरिया को 'केसरी-हिंद' का खिताब देने के लिए दिल्ली दरबार किसने आयोजित किया था?
(क) लॉर्ड एल्गिन द्वितीय (ख) लॉर्ड लिनलिथगो
(ग) लॉर्ड इरविन (घ) लॉर्ड रिपन

उत्तर के लिए कृपया पृष्ठ सं. 147 देखें।

389. ब्रिटिश पार्लियामेंट के किस सदस्य और राजनीतिक ने कहा कि 1857 की क्रांति 'एक राष्ट्रीय क्रांति थी, न कि एक सैनिक गदर'?

(क) लॉर्ड डलहौजी (ख) लॉर्ड कैनिंग

(ग) लॉर्ड एलेन बोरो (घ) डिजराइली

390. लॉर्ड रिपन के कार्यकाल के दौरान इनमें से कौन सा कमीशन गठित किया गया?

(क) साइमन कमीशन (ख) हंटर कमीशन

(ग) राजयोग कमीशन (घ) रोलेट ऐक्ट

391. प्रसिद्ध इल्बर्ट बिल किस वायसराय के कार्यकाल के दौरान विवादास्पद हुआ?

(क) लॉर्ड मिंटो (ख) लॉर्ड रिपन

(ग) लॉर्ड कैनिंग (घ) लॉर्ड लॉरेंस

392. 1857 के विद्रोह के तुरंत बाद यह घोषणा किसने की थी—"हमेशा की तरह शांत, भारत के क्षितिज/आकाश पर छोटा सा बादल उभरा है। शुरू में यह बित्ता भर भी नहीं है, लेकिन धीरे-धीरे यह और अधिक बड़ा होता जाएगा और अंत में जब यह फूटेगा तब हम सबको बहा ले जाएगा"?

(क) लॉर्ड डलहौजी (ख) लॉर्ड कैनिंग

(ग) डिजराइली (घ) राजा राममोहन राय

393. किसके शासन काल में बिहार में पूसा में कृषि अनुसंधान संस्थान खोला गया?

(क) लॉर्ड कर्जन (ख) लॉर्ड एल्गिन प्रथम

(ग) लॉर्ड हार्डिंग (घ) लॉर्ड एल्गिन द्वितीय

394. लॉर्ड कर्जन के शासन काल में पुरातत्त्व विभाग की स्थापना किस वर्ष की गई थी?

(क) सन् 1902 (ख) सन् 1901

(ग) सन् 1911 (घ) सन् 1908

395. बंगाल का विभाजन किस वायसराय के शासन काल में हुआ था?

(क) लॉर्ड मिंटो (ख) लॉर्ड कर्जन

(ग) लॉर्ड कैनिंग (घ) लॉर्ड चेम्सफोर्ड

उत्तर के लिए कृपया पृष्ठ सं. 147 देखें।

396. कलकत्ता के स्थान पर दिल्ली को राजधानी किसके शासन काल में बनाया गया?

(क) लॉर्ड चेम्सफोर्ड (ख) लॉर्ड हार्डिंग

(ग) लॉर्ड एल्गिन प्रथम (घ) लॉर्ड इरविन

397. सन् 1919 में रॉलेट ऐक्ट किसके शासन काल में पारित किया गया?

(क) लॉर्ड वैवेल (ख) लॉर्ड रीडिंग

(ग) लॉर्ड चेम्सफोर्ड (घ) लॉर्ड एल्गिन द्वितीय

398. सन् 1932 में 'कम्यूनल अवार्ड' के समय भारत के वायसराय कौन थे?

(क) लॉर्ड विलिंग्टन (ख) लॉर्ड इरविन

(ग) लॉर्ड रीडिंग (घ) लॉर्ड वैवेल

399. जब सन् 1940 में मुसलिम लीग ने पाकिस्तान की माँग रखी, तब भारत के वायसराय कौन थे?

(क) लॉर्ड वैवेल (ख) लॉर्ड लिनलिथगो

(ग) लॉर्ड एल्गिन (घ) लॉर्ड हार्डिंग

400. सन् 1942 में क्रिप्स मिशन इनमें से किसके कार्यकाल में भारत भेजा गया था?

(क) लॉर्ड लिनलिथगो (ख) लॉर्ड इरविन

(ग) लॉर्ड हार्डिंग (घ) लॉर्ड विलिंग्टन

401. सन् 1937 में कांग्रेस मंत्रिपरिषद् के गठन के समय यहाँ वायसराय कौन था?

(क) लॉर्ड एल्गिन (ख) लॉर्ड इरविन

(ग) लॉर्ड लिनलिथगो (घ) लॉर्ड लिटन

402. सन् 1942 में भारत छोड़ो आंदोलन छेड़ा गया। उस समय भारत के वायसराय कौन थे?

(क) लॉर्ड लिनलिथगो (ख) लॉर्ड रीडिंग

(ग) लॉर्ड इरविन (घ) लॉर्ड मेयो

403. सन् 1947 में भारत के बँटवारे के समय भारत का वायसराय कौन था?

(क) लॉर्ड माउंटबेटन (ख) लॉर्ड कैनिंग

(ग) लॉर्ड इरविन (घ) लॉर्ड चेम्सफोर्ड

उत्तर के लिए कृपया पृष्ठ सं. 147 देखें।

404. विलियम बेंटिक को छोड़कर किस दूसरे अंग्रेज ने शिशु हत्या पर सख्ती से रोक लगाने में महत्त्वपूर्ण भूमिका निभाई?

(क) लॉर्ड कर्जन (ख) लॉर्ड इरविन
(ग) लॉर्ड हार्डिंग (घ) लॉर्ड चेम्सफोर्ड

405. डिफेंस ऑफ इंडिया ऐक्ट को बनाने में किस वायसराय ने मदद की?

(क) लॉर्ड चेम्सफोर्ड (ख) लॉर्ड रिपन
(ग) लॉर्ड कर्जन (घ) लॉर्ड लिनलिथगो

406. अजमेर की राजकुमारी के लिए मेयो कॉलेज की स्थापना इनमें से किसने की थी?

(क) लॉर्ड मायलोम (ख) लॉर्ड मेयो
(ग) लॉर्ड मेलकॉन (घ) लॉर्ड एल्गिन

407. 'भारत में स्थानीय स्वशासन का जनक' किसे माना जाता है?

(क) लॉर्ड रिपन (ख) लॉर्ड मिंटो
(ग) लॉर्ड वैवेल (घ) लॉर्ड एल्गिन

408. एन.डब्ल्यू.एफ.पी. प्रांतों का गठन इनमें से किसने किया?

(क) लॉर्ड मिंटो (ख) लॉर्ड मेयो
(ग) लॉर्ड रिपन (घ) लॉर्ड कर्जन

409. किसके शासनकाल में सांप्रदायिक आधार पर निर्वाचन प्रणाली प्रारंभ की गई?

(क) लॉर्ड वैवेल (ख) लॉर्ड मिंटो द्वितीय
(ग) लॉर्ड इरविन (घ) लॉर्ड मेयो

410. रैयतबारी बंदोबस्त इनमें से किसने चलाया गया?

(क) शोरे और मुनरो (ख) शोरे और रीड
(ग) रीड और मुनरो (घ) शोरे और हेस्टिंग्स

411. लंदन में प्रथम गोलमेज सम्मेलन के दौरान भारत का वायसराय कौन था?

(क) लॉर्ड रीडिंग (ख) लॉर्ड कैनिंग
(ग) लॉर्ड इरविन (घ) लॉर्ड हार्डिंग

412. स्वतंत्र भारत के प्रथम गवर्नर जनरल इनमें से कौन थे?

(क) लॉर्ड इरविन (ख) सी. राजगोपालाचारी
(ग) लॉर्ड वैवेल (घ) लॉर्ड माउंटबेटन

उत्तर के लिए कृपया पृष्ठ सं. 147 देखें।

413. यूरोप के सैनिकों ने भारत में किसके कार्यकाल के दौरान 'श्वेत क्रांति' के विरोध में प्रदर्शन किया था?

(क) लॉर्ड रिपन (ख) लॉर्ड कर्जन

(ग) लॉर्ड कैनिंग (घ) लॉर्ड लिटन

414. भारत में 'नर बलि' जैसी कुरीति पर इनमें से किसने रोक लगाई थी?

(क) लॉर्ड कैनिंग (ख) लॉर्ड इरविन

(ग) लॉर्ड हार्डिंग (घ) लॉर्ड मेयो

415. प्रिंस वालेस (एडवर्ड सप्तम) 1875 में किसके कार्यकाल के समय भारत आए?

(क) लॉर्ड चेम्सफोर्ड (ख) लॉर्ड मेयो

(ग) लॉर्ड एल्गिन (घ) लॉर्ड नॉर्थब्रूक

416. भारत में सर्वप्रथम डाक टिकट किसने जारी किया?

(क) लॉर्ड मिंटो (ख) लॉर्ड डलहौजी

(ग) लॉर्ड कैनिंग (घ) लॉर्ड रिपन

417. सिविल सेवाओं में युवाओं की नियुक्ति के लिए कलकत्ता में फोर्ट विलियम कॉलेज का निर्माण किसने कराया?

(क) लॉर्ड कार्नवालिस (ख) लॉर्ड वेलेजली

(ग) लॉर्ड हेस्टिंग्स (घ) लॉर्ड रिपन

418. आर्य समाज की पहली शाखा बंबई में किस वर्ष स्थापित की गई?

(क) सन् 1870 (ख) सन् 1872

(ग) सन् 1878 (घ) सन् 1875

419. सन् 1886 में भारतीय राष्ट्रीय कांग्रेस के प्रतिनिधियों को किस वायसराय ने गार्डन पार्टी में आमंत्रित किया?

(क) लॉर्ड लिटन (ख) लॉर्ड कैनिंग

(ग) लॉर्ड मेयो (घ) लॉर्ड डफरिन

420. कनाडा से उत्प्रवाही लोगों को ले जानेवाले किराए के जहाज का क्या नाम था, जिसे कनाडा के प्राधिकरण के मना करने पर वैंकूवर में उतारा गया?

(क) वंदे मातरम् (ख) अक्षय

(ग) तोशामारू (घ) कामागाटामारू

उत्तर के लिए कृपया पृष्ठ सं. 147 देखें।

421. तत्त्वबोधिनी सभा की स्थापना किस वर्ष की गई?

(क) सन् 1839 (ख) सन् 1849

(ग) सन् 1829 (घ) सन् 1859

422. इनमें से किस महापुरुष के द्वारा प्रार्थना समाज की स्थापना की गई?

(क) राजा राममोहन राय (ख) एम.जी. रानाडे

(ग) ज्योति बा फुले (घ) आत्माराम पांडुरंग

423. एनी बेसेंट इनमें से किस संस्था से जुड़ी थीं?

(क) आर्य समाज (ख) थियोसोफिकल सोसाइटी

(ग) रामकृष्ण मिशन (घ) ब्राह्म समाज

424. मैडम एच.पी. ब्लावत्स्की ने थियोसोफिकल सोसाइटी की स्थापना किस वर्ष की थी?

(क) सन् 1876 (ख) सन् 1872

(ग) सन् 1870 (घ) सन् 1875

425. निम्नलिखित में से किस महापुरुष ने 1897 में रामकृष्ण मिशन की स्थापना की?

(क) रामकृष्ण परमहंस (ख) स्वामी विवेकानंद

(ग) राजा राममोहन राय (घ) स्वामी दयानंद

426. निम्नलिखित में से किसने 'तत्त्वबोधिनी सभा' की स्थापना की?

(क) देवेंद्रनाथ टैगोर (ख) रवींद्रनाथ टैगोर

(ग) स्वामी दयानंद सरस्वती (घ) ईश्वरचंद्र विद्यासागर

427. सर सैयद अहमद खाँ के नेतृत्व में चलाए गए वहाबी आंदोलन के अनुयायी क्या कहलाते थे?

(क) खुदाई खिदमतगार (ख) खलीफा

(ग) सैयद (घ) वहाबी

428. 'आर्य समाज आंदोलन' का शुभारंभ इनमें से किस महापुरुष ने किया था?

(क) केशवचंद्र सेन (ख) राजा राममोहन राय

(ग) रवींद्रनाथ टैगोर (घ) स्वामी दयानंद सरस्वती

429. स्वामी विवेकानंद ने विश्व धर्म सम्मेलन में भाग लिया था। उक्त सम्मेलन कब और कहाँ आयोजित हुआ?

उत्तर के लिए कृपया पृष्ठ सं. 147 देखें।

(क) 1890, न्यूयॉर्क (ख) 1892, वाशिंग्टन
(ग) 1893, शिकागो (घ) 1884, मैसाचुसेट्स

430. कम्युनिस्ट इंटरनेशनल के नेतृत्व के लिए चुने गए पहले भारतीय कौन थे?
(क) एस.एम. डांगे (ख) पी.सी. जोशी
(ग) एस.एस. जोशी (घ) एम.एन. रॉय

431. निर्भीक स्वतंत्रता सेनानी रानी गाइडिन्ल्यू कहाँ की रहनेवाली थीं?
(क) मिजोरम (ख) नागालैंड
(ग) असम (घ) मणिपुर

□

उत्तर के लिए कृपया पृष्ठ सं. 147 देखें।

7

गांधीजी का आगमन

432. गांधीजी लगभग तीन दशक तक भारत की राजनीति में छाए रहे। उन्होंने भारत की स्वतंत्रता-प्राप्ति को अपने जीवन का उद्देश्य बना लिया था। स्वतंत्रता-संघर्ष में गांधीजी द्वारा प्रदान की गई महत्त्वपूर्ण चीज क्या थी?
(क) इसकी वैधानिकता (ख) लड़ाई की भावना
(ग) इसका जनाधार (घ) इनमें से कोई नहीं

433. 'राम राज्य' का नारा किसने दिया था?
(क) महात्मा गांधी (ख) राजा राममोहन राय
(ग) बाल गंगाधर तिलक (घ) एम.जी. रानाडे

434. महात्मा गांधी के राजनीतिक गुरु इनमें से कौन थे?
(क) गोपाल कृष्ण गोखले (ख) एम.जी. रानाडे
(ग) ए.ओ. ह्यूम (घ) बाल गंगाधर तिलक

435. किस वर्ष गांधीजी दक्षिण अफ्रीका से भारत लौटे थे?
(क) सन् 1914 (ख) सन् 1916
(ग) सन् 1915 (घ) सन् 1917

436. सत्याग्रह का क्या अर्थ है?
(क) उपवास रखना (ख) स्वतंत्रता-प्राप्ति
(ग) सत्य की प्राप्ति (घ) नियम-विनियम

437. बिहार के चंपारण में 'तिनकठिया पद्धति' के विरुद्ध गांधीजी द्वारा चलाए गए सत्याग्रह में इनमें से कौन नेता शामिल नहीं थे?

उत्तर के लिए कृपया पृष्ठ सं. 148 देखें।

(क) महादेव देसाई (ख) डॉ. राजेंद्र प्रसाद
(ग) मजहर-उल-हक (घ) अबुल कलाम आजाद

438. 12 मार्च, 1930 को गांधीजी ने प्रसिद्ध दांडी यात्रा कितने स्वयंसेवकों के साथ शुरू की थीं?
(क) 20 स्वयंसेवक (ख) 50 स्वयंसेवक
(ग) 78 स्वयंसेवक (घ) 124 स्वयंसेवक

439. सत्याग्रह का पहला प्रयोग गांधीजी ने कहाँ पर किया था?
(क) बारदोली (ख) दांडी
(ग) इलाहाबाद (घ) चंपारण

440. सन् 1922 में असहयोग आंदोलन कहाँ पर भीड़ द्वारा हिंसा किए जाने के कारण स्थगित कर दिया गया था?
(क) पूना (ख) नासिक
(ग) कलकत्ता (घ) चौरीचौरा

441. दांडी मार्च में कहाँ से कहाँ तक की दूरी तय की गई थी?
(क) दांडी से साबरमती (ख) बंबई से दांडी
(ग) साबरमती से दांडी (घ) लाहौर से दांडी

442. महात्मा गांधी द्वारा असहयोग आंदोलन किस वर्ष से शुरू किया गया?
(क) सन् 1919 (ख) सन् 1923
(ग) सन् 1922 (घ) सन् 1920

443. गांधीजी ने 'भारत छोड़ो' आंदोलन कब शुरू किया?
(क) सन् 1941 (ख) सन् 1940
(ग) सन् 1942 (घ) सन् 1945

444. गांधीजी ने राष्ट्रीय परिदृश्य में किस वर्ष से सक्रिय भाग लेना शुरू किया?
(क) सन् 1916 (ख) सन् 1917
(ग) सन् 1920 (घ) सन् 1915

445. महात्मा गांधी ने कब और कहाँ पर भारतीय राष्ट्रीय कांग्रेस के वार्षिक अधिवेशन की अध्यक्षता की थी?
(क) पूना, 1930 (ख) बेलगाम, 1924
(ग) सूरत, 1907 (घ) लखनऊ, 1916

उत्तर के लिए कृपया पृष्ठ सं. 148 देखें।

446. सत्याग्रह सभा का आयोजन किसने किया था, जिसमें रोलेट ऐक्ट की अवमानना की प्रतिज्ञा की गई थी?

(क) महात्मा गांधी (ख) सुभाषचंद्र बोस

(ग) भगतसिंह (घ) अरुणा आसफ अली

447. महात्मा गांधी ने 'दांडी यात्रा' का आयोजन क्यों किया था?

(क) सत्याग्रह करने के लिए

(ख) असहयोग आंदोलन शुरू करने के लिए

(ग) रोलेट ऐक्ट का विरोध करने के लिए

(घ) नमक कानून भंग करने के लिए

448. सन् 1934 में महात्मा गांधी ने 12,504 मील की दूरी तय करके देहात का दौरा किया था। उनकी इस यात्रा को क्या कहा जाता है?

(क) दांडी यात्रा (ख) स्वराज यात्रा

(ग) जन-जागरण यात्रा (घ) हरिजन यात्रा

449. मई 1915 में अहमदाबाद में साबरमती आश्रम की स्थापना इनमें से किसने की थी?

(क) सरोजिनी नायडू (ख) लियो टॉलस्टॉय

(ग) महात्मा गांधी (घ) मोतीलाल नेहरू

450. महात्मा गांधी ने भारत में दूसरी बार सत्याग्रह आंदोलन किस स्थान पर शुरू किया था?

(क) चंपारण (ख) सूरत

(ग) कैरा (गुजरात) (घ) दांडी

451. गांधीजी ने किस वर्ष अहमदाबाद में मिल के मजदूरों के वेतन बढ़ाने के लिए आंदोलन चलाया था?

(क) सन् 1916 (ख) सन् 1917

(ग) सन् 1918 (घ) सन् 1924

452. किसने यह कहकर रोलेट ऐक्ट की आलोचना की थी—"इस ऐक्ट में स्वतंत्रता के सिद्धांतों का उल्लंघन एवं व्यक्ति के मूल अधिकारों का हनन है"?

(क) महात्मा गांधी (ख) लाला लाजपत राय

(ग) भगतसिंह (घ) रवींद्रनाथ टैगोर

उत्तर के लिए कृपया पृष्ठ सं. 148 देखें।

453. मार्च 1922 में महात्मा गांधी को गिरफ्तार किया गया था। उन्हें कितने वर्षों के कारावास का दंड दिया गया?

(क) 5 वर्ष (ख) 6 वर्ष

(ग) 8 वर्ष (घ) 4 वर्ष

454. चंपारण सत्याग्रह का लक्ष्य क्या था?

(क) नील की खेती में लगे कामगारों की समस्या सुलझाना

(ख) चावल की खेती में लगे कामगारों की समस्या सुलझाना

(ग) गरीब किसानों की समस्या सुलझाना

(घ) सविनय अवज्ञा आंदोलन

455. इनमें से किसने क्रिप्स मिशन को 'क्रैशिंग बैंक का अग्रिम चेक' कहा था?

(क) जवाहरलाल नेहरू (ख) सुभाषचंद्र बोस

(ग) पट्टाभि सीतारामैया (घ) महात्मा गांधी

456. हरिजन सेवक संघ के संस्थापक इनमें से कौन थे?

(क) भीमराव अंबेडकर (ख) महात्मा गांधी

(ग) ज्योति बा फुले (घ) जवाहरलाल नेहरू

457. महात्मा गांधी ने व्यक्तिगत सविनय अवज्ञा आंदोलन कब शुरू किया?

(क) 1 अगस्त, 1923 (ख) 4 अगस्त, 1933

(ग) 1 अगस्त, 1933 (घ) 4 अगस्त, 1923

458. 'भारत छोड़ो' आंदोलन के समय गांधीजी को गिरफ्तार करके किस जेल में रखा गया था?

(क) आगा खाँ महल (ख) सेंट्रल जेल, पुणे

(ग) दिल्ली (घ) सूरत

459. 'करो या मरो' नारा किसने दिया?

(क) जवाहरलाल नेहरू (ख) लाला लाजपत राय

(ग) जतिन दास (घ) महात्मा गांधी

460. साइमन कमीशन किस वर्ष भारत आया था?

(क) सन् 1925 (ख) सन् 1926

(ग) सन् 1927 (घ) सन् 1928

461. लाला लाजपत राय अंग्रेज पुलिस के निर्मम लाठी-चार्ज से बुरी तरह

उत्तर के लिए कृपया पृष्ठ सं. 148 देखें।

घायल हो गए थे और कुछ दिनों बाद ही उनकी मृत्यु हो गई थी। वे किसका विरोध कर रहे थे?

(क) रोलेट ऐक्ट (ख) बंगाल विभाजन
(ग) साइमन कमीशन (घ) क्रिप्स मिशन

462. सन् 1937 में किन दो राज्यों में कांग्रेस के मंत्रिमंडल नहीं बन पाए थे?

(क) बंगाल और पंजाब
(ख) पंजाब और एन.डब्ल्यू.एफ.पी.
(ग) मद्रास और मध्य प्रांत
(घ) बिहार और उत्तर प्रदेश

463. गांधीजी के रामराज्य के दो सिद्धांत इनमें से कौन से थे?

(क) सत्य और अहिंसा (ख) खादी और उपवास
(ग) सही साधन और सही साध्य (घ) उपर्युक्त कोई नहीं

464. खेड़ा किसान आंदोलन के समय इनमें से कौन गांधीजी के अनुयायी बने?

(क) एम.जी. रानाडे (ख) जवाहरलाल नेहरू
(ग) अरुणा आसफ अली (घ) सरदार वल्लभभाई पटेल

465. महात्मा गांधी और उनकी विचारधारा से प्रभावित पहले आदिवासी नेता कौन थे?

(क) बिरसा मुंडा (ख) शॉ राम
(ग) जादुनांग (घ) रानी गाइडिन्ल्यू

466. दूसरा सविनय अवज्ञा आंदोलन किसको लेकर शुरू किया गया था?

(क) नमक सत्याग्रह (ख) भारत छोड़ो
(ग) असहयोग (घ) रोलेट ऐक्ट

467. महात्मा गांधी ने वल्लभभाई पटेल को उनकी नेतृत्व-कुशलता के लिए 'सरदार' की उपाधि किस अवसर पर दी थी?

(क) नमक सत्याग्रह के दौरान (ख) दांडी मार्च के दौरान
(ग) चंपारण सत्याग्रह के दौरान (घ) बारदोली सत्याग्रह के दौरान

468. दांडी—जहाँ महात्मा गांधी ने नमक कानून को तोड़ा—कहाँ पर स्थित है?

(क) उड़ीसा के तट पर (ख) गुजरात के तट पर
(ग) बंगाल के तट पर (घ) इनमें से कोई नहीं

उत्तर के लिए कृपया पृष्ठ सं. 148 देखें।

469. जिस दिन असहयोग आंदोलन शुरू हुआ उसी दिन बंबई में किस महत्त्वपूर्ण नेता की मृत्यु हो गई?

(क) गोपाल कृष्ण गोखले (ख) बाल गंगाधर तिलक
(ग) दादाभाई नौरोजी (घ) एनी बेसेंट

470. जामिया मिल्लिया इसलामिया और काशी विद्यापीठ जैसी नई शैक्षिक संस्थाएँ किस आंदोलन के दौरान खोली गईं?

(क) असहयोग आंदोलन (ख) भारत छोड़ो आंदोलन
(ग) दांडी यात्रा (घ) इनमें से कोई नहीं

471. किस वर्ष दिसंबर में अहमदाबाद में कांग्रेस के वार्षिक अधिवेशन के बाद वायसराय को महात्मा गांधी ने 'व्यापक स्तर पर सविनय अवज्ञा' की धमकी देते हुए लिखित में चेतावनी दी थी?

(क) सन् 1919 (ख) सन् 1921
(ग) सन् 1923 (घ) सन् 1925

472. 5 अप्रैल, 1930 को महात्मा गांधी ने कितने दिनों की यात्रा पूरी करके दांडी नामक स्थान पर नमक कानून तोड़ा?

(क) 20 दिन (ख) 24 दिन
(ग) 28 दिन (घ) 30 दिन

473. कहा जाता है कि जनरल डायर ने चेतावनी दिए बिना अमृतसर के जलियाँवाला बाग में एकत्र भीड़ पर गोलियाँ चलानी शुरू कर दी थीं। तब तक फायरिंग जारी रही जब तक गोला-बारूद खत्म नहीं हो गया। उन निर्दोष और निहत्थे लोगों पर कुल कितनी गोलियाँ दागी गईं?

(क) 1610 (ख) 978
(ग) 1,020 (घ) 1,650

474. पूना पैक्ट कब अस्तित्व में आया?

(क) 20 मार्च, 1932 (ख) 25 सितंबर, 1932
(ग) 22 अक्तूबर, 1932 (घ) 25 दिसंबर, 1932

475. प्रसिद्ध पूना पैक्ट गांधीजी और किसके बीच हुआ था?

(क) भीमराव अंबेडकर (ख) जवाहरलाल नेहरू
(ग) सुभाषचंद्र बोस (घ) सरदार पटेल

476. महात्मा गांधी ने आत्मशुद्धि के लिए कितने दिनों का उपवास रखा?

उत्तर के लिए कृपया पृष्ठ सं. 148 देखें।

(क) 24 दिन (ख) 21 दिन
(ग) 22 दिन (घ) 23 दिन

477. इनमें से किस नेता ने क्रिप्स मिशन को 'पाकिस्तान बनाने के लिए मुसलिम लीग को दिया गया आमंत्रण' कहा था?
(क) सुभाषचंद्र बोस (ख) जवाहरलाल नेहरू
(ग) महात्मा गांधी (घ) बाल गंगाधर तिलक

478. नमक सत्याग्रह के दौरान कुल कितने लोगों ने गिरफ्तारी दी थी?
(क) 65,000 (ख) 62,000
(ग) 60,000 (घ) 6,600

479. व्यक्तिगत सत्याग्रह निम्नलिखित में से किसने शुरू किया?
(क) मदन मोहन मालवीय (ख) महात्मा गांधी
(ग) डॉ. राजेंद्र प्रसाद (घ) बाल गंगाधर तिलक

480. जेल में चौंसठ दिनों की भूख हड़ताल के बाद किस क्रांतिकारी ने अपना प्राणोत्सर्ग किया था?
(क) भगतसिंह (ख) चंद्रशेखर आजाद
(ग) जतिन दास (घ) सूर्यसेन

481. व्यक्तिगत सत्याग्रह आंदोलन में प्रथम सत्याग्रही इनमें से कौन थे?
(क) मदन मोहन मालवीय (ख) डॉ. राजेंद्र प्रसाद
(ग) विनोबा भावे (घ) मीरा बेन

482. व्यक्तिगत सत्याग्रह के दूसरे दौर में कितने सत्याग्रहियों ने अपनी गिरफ्तारी की थी?
(क) 10,000 से भी अधिक (ख) 20,000 से भी अधिक
(ग) 30,000 से भी अधिक (घ) 55,500 से भी अधिक

483. 'भारत छोड़ो' प्रस्ताव पारित करने के बाद ये शब्द किसने कहे थे—"इस क्षण के बाद आप में से प्रत्येक व्यक्ति स्वयं को स्वतंत्र पुरुष या स्त्री समझेगा तथा स्वतंत्र मनुष्य की तरह कार्य करेगा"?
(क) सुभाषचंद्र बोस (ख) जवाहरलाल नेहरू
(ग) महात्मा गांधी (घ) बिपिनचंद्र पाल

484. 'भारत छोड़ो' संकल्प किस नाम से जाना जाता है?
(क) मई क्रांति मैदान (ख) अगस्त क्रांति मैदान
(ग) असहयोग आंदोलन (घ) स्वराज आंदोलन

उत्तर के लिए कृपया पृष्ठ सं. 148 देखें।

485. ब्रिटिश सरकार ने महात्मा गांधी को किस कारण गिरफ्तार किया और असहयोग आंदोलन के बाद उन पर दोषारोप लगाया गया?
(क) असहयोग आंदोलन के स्थगन की वजह से राष्ट्रवादी समर्थकों में पैदा हुए मतभेद का लाभ उठाया
(ख) गांधीजी और उनके समर्थकों की गिरफ्तारी के बाद आंदोलन खत्म हो गया
(ग) इस आंदोलन को दबाना था
(घ) यह गांधीजी को लोगों के दुर्व्यवहार से बचाने की कोशिश थी

486. सविनय अवज्ञा आंदोलन किस वर्ष शुरू किया गया?
(क) सन् 1929 (ख) सन् 1930
(ग) सन् 1931 (घ) सन् 1932

487. गांधी-इरविन पैक्ट की सबसे बड़ी विशेषता क्या थी?
(क) कांग्रेस पिछड़ी जातियों को सहयोग देने के लिए सहमत की गई
(ख) गांधीजी की सभी माँगें पूरी हो गईं
(ग) पहली बार कांग्रेस को विरोधी पार्टी का दर्जा मिला
(घ) गांधीजी को भारतीय राजनीति में दखल देने का अधिकार मिला

488. मार्च 1939 में कांग्रेस का तिरुपति अधिवेशन ऐतिहासिक क्यों बन गया?
(क) क्योंकि गांधीजी द्वारा नामांकित पट्टाभि सीतारामैया के विरुद्ध सुभाषचंद्र बोस को सफलता मिली
(ख) क्योंकि मुसलिम लीग की माँगें ठुकरा दी गईं
(ग) क्योंकि स्वतंत्र भारत के संविधान का निर्माण हुआ
(घ) क्योंकि 'पूर्ण स्वराज' की माँग की गई

489. पूरे भारत में पहला सत्याग्रह कब किया गया?
(क) 1905 में बंगाल के बँटवारे के समय
(ख) 1909 में मिंटो-मार्ले सुधार के विरुद्ध
(ग) 1919 में मांटेग्यू-चेम्सफोर्ड के सुधार के विरुद्ध
(घ) 1919 में रोलेट ऐक्ट के विरुद्ध

490. सन् 1921 में चलाया गया असहयोग आंदोलन—
(क) पूरी तरह असफल रहा
(ख) जब अपने चरम पर था, गांधजी द्वारा रोक दिया गया

उत्तर के लिए कृपया पृष्ठ सं. 148 देखें।

(ग) सन् 1942 में खत्म हुआ

(घ) भारत छोड़ो आंदोलन द्वारा खत्म हो गया

491. गांधी–इरविन पैक्ट से कौन सी महत्त्वपूर्ण उपलब्धि प्राप्त हुई?

(क) कांग्रेस ने लोगों की बात नहीं मानी और गोलमेज सम्मेलन में शामिल हुई

(ख) मुसलिम लीग की माँगें स्वीकार कर ली गईं

(ग) कांग्रेस ने गोलमेज सम्मेलन में भाग न लेने का फैसला किया

(घ) कोई भी इस पैक्ट के प्रति गंभीर नहीं था

492. प्रारंभिक वर्षों में इनमें से कौन सा स्थान गांधीजी के कार्यक्षेत्र में नहीं था?

(क) चंपारण (ख) खेड़ा

(ग) चौरीचौरा (घ) अहमदाबाद

493. अस्पृश्यता की बुराई दूर करने के लिए इनमें से किसने अस्पृश्यता–विरोधी लीग की स्थापना की थी?

(क) भीमराव अंबेडकर (ख) अबुल कलाम आजाद

(ग) महात्मा गांधी (घ) स्वामी विवेकानंद

494. यद्यपि राष्ट्रवादियों के मन में लॉर्ड रिपन के उदार प्रशासन के प्रति आशाएँ जाग रही थीं, लेकिन किस कारण से राष्ट्रवादियों को धक्का पहुँचा तथा राष्ट्रीय आंदोलन ने उग्र रूप धारण कर लिया?

(क) फैक्टरी ऐक्ट (ख) एल्बर्ट बिल

(ग) ब्लैक ऐक्ट (घ) टेनेंसी बिल

495. गांधीजी ने गुजरात के कैरा जिले में किसके विरुद्ध सत्याग्रह शुरू किया था?

(क) ब्रिटिश सरकार की नीति के विरुद्ध, जिसके अंतर्गत किसानों को मनमाने ढंग से उनकी जमीन से बेदखल कर दिया था,

(ख) नौकरशाही में व्याप्त भ्रष्टाचार के विरुद्ध, जिसके कारण किसानों का उत्पीड़न हुआ

(ग) किसानों पर लगाए गए भारी कर के विरुद्ध

(घ) फसल न आ पाने के कारण लगान न दे पाना

496. गांधीजी द्वारा असहयोग आंदोलन किस कारण चलाया गया?

उत्तर के लिए कृपया पृष्ठ सं. 149 देखें।

(क) पूर्ण स्वतंत्रता पाने के लिए
(ख) निश्चित अवधि में स्वतंत्रता पाने के लिए
(ग) केवल हिंदुओं के लिए स्वतंत्रता पाने के लिए
(घ) क्रिप्स मिशन का विरोध करने के लिए

497. जलियाँवाला बाग में सभा आयोजित की गई, क्योंकि
(क) पंजाब के लोग युद्ध-कर से चिंतित थे
(ख) कैरा सत्याग्रह के दौरान गांधीजी गिरफ्तार हो गए थे
(ग) डॉ. सत्यपाल और डॉ. सैफुद्दीन किचलू जैसे महत्त्वपूर्ण नेता गिरफ्तार कर लिये गए थे
(घ) जनरल डायर की नियुक्ति को पंजाब के लोगों ने अस्वीकार कर दिया

498. सितंबर 1932 में गांधीजी को यरवदा जेल में आमरण अनशन क्यों करना पड़ा? इसके पूना पैक्ट में क्या प्रभाव दिखाई दिए?
(क) चेम्सफोर्ड सुधार (ख) कम्यूनल अवार्ड, 1932
(ग) कम्यूनल अवार्ड, 1882 (घ) वर्नाक्यूलर प्रेस ऐक्ट

499. 'भारत छोड़ो' शब्द ने भारत की जनता का ध्यान किस वर्ष आकर्षित किया?
(क) सन् 1944 (ख) सन् 1940
(ग) सन् 1945 (घ) सन् 1942

500. निम्नलिखित में से कौन उग्रपंथी नेता नहीं माने जाते हैं?
(क) बाल गंगाधर तिलक (ख) विपिनचंद्र पाल
(ग) लाला लाजपत राय (घ) महात्मा गांधी

501. गांधीजी ने व्यक्तिगत सविनय अवज्ञा आंदोलन क्यों शुरू किया था?
(क) देशवासियों में राष्ट्रवाद और नेतृत्व की भावना जगाना चाहते थे।
(ख) उनके विचार में यह प्रक्रिया अधिक प्रभावकारी थी
(ग) उनके विचार में अब वह समय आ गया था जब स्वाधीनता के लिए हर तरह से संघर्ष किया जाए
(घ) उन्हें डर था कि सविनय अवज्ञा आंदोलन हिंसक रूप धारण न कर ले

502. गांधीजी ने 'भारत छोड़ो' आंदोलन क्यों शुरू किया था?
(क) उन्होंने सोचा था कि आक्रमण का वीरतापूर्वक सामना करने के

उत्तर के लिए कृपया पृष्ठ सं. 149 देखें।

लिए लोगों के पास एकमात्र उपाय ब्रिटिश सरकार को यह एहसास कराना है कि भारत की जनता स्वाधीन है तथा देश की रक्षा की जिम्मेदारी उन्हीं की है, न कि ब्रिटिशों की

(ख) वह कांग्रेस में उग्रपंथियों को खुश करना चाहते थे

(ग) उन्हें डर था कि सीधी काररवाई से सुभाषचंद्र बोस एवं उनके समर्थकों के साथ वह और उनके अनुयायी कांग्रेस अध्यक्ष का चुनाव नहीं लड़ पाएँगे

(घ) ऐसे आंदोलन के लिए उचित समय आ गया है, क्योंकि ब्रिटिश सरकार हिटलर के साथ युद्ध में अनेक कठिनाइयों का सामना कर रही है

503. 21 फरवरी, 1915 की तारीख किस स्थान पर सशस्त्र क्रांति के लिए निश्चित की गई थी?

(क) बंगाल (ख) पंजाब

(ग) बिहार (घ) बंबई

504. 'भारत छोड़ो' आंदोलन में भाग लेने के लिए भारत की जनता को समझाते समय गांधीजी ने किस बिंदु पर बल नहीं दिया?

(क) हिंदू-मुसलिम मतभेदों को भुलाकर स्वयं को केवल भारतीय मानना

(ख) अंग्रेजों से हमारी कोई दुश्मनी नहीं है, हम साम्राज्यवाद के विरुद्ध लड़ रहे हैं तथा हमें आपसी घृणा से बचना चाहिए

(ग) आज से यह महसूस किया जाए कि आप स्वतंत्र एवं स्वाधीन हैं, न कि किसी पर आश्रित; करो या मरो, या तो भारत आजाद हो या इसकी आजादी के लिए प्राण न्योछावर हो जाएँ

(घ) भारत की स्वतंत्रता हमारा लक्ष्य है तथा इसकी प्राप्ति में अपनाया जानेवाला प्रत्येक उपाय भी पवित्र हो

505. यह घोषणा किसने की थी कि "हमारा उद्‌देश्य प्रत्येक आँख के आँसू पोंछना है।"

(क) महात्मा गांधी (ख) जयप्रकाश नारायण

(ग) सरदार पटेल (घ) डॉ. राजेंद्र प्रसाद

506. किसने सबसे पहले गांधीजी को 'राष्ट्रपिता' कहा था?

उत्तर के लिए कृपया पृष्ठ सं. 149 देखें।

(क) जवाहरलाल नेहरू (ख) सुभाषचंद्र बोस
(ग) डॉ. राजेंद्र प्रसाद (घ) मौलाना अबुल कलाम आजाद

507. महात्मा गांधी ने लंदन में आयोजित किस गोलमेज सम्मेलन में हिस्सा लिया था?
(क) तीसरे (ख) पहले
(ग) दूसरे (घ) उपर्युक्त सभी में

508. गांधीजी के बारे में ये शब्द किसने कहे थे—"आनेवाली पीढ़ियों में कोई भी यह विश्वास नहीं करेगा कि इस धरती पर हाड़-मांस का ऐसी आत्मावाला मनुष्य था"?
(क) बर्ट्रैंड रसेल (ख) नेल्सन मंडेला
(ग) अल्बर्ट रसेल (घ) लियो तॉलस्तॉय

509. गांधीजी की दांडी यात्रा इनमें से किस रूप में थी?
(क) नियमित यात्रा
(ख) सविनय अवज्ञा आंदोलन
(ग) भारत छोड़ो आंदोलन का हिस्सा
(घ) कांग्रेस की शक्ति का प्रदर्शन

510. सन् 1942 के 'भारत छोड़ो' आंदोलन की नायिका कौन थीं?
(क) एनी बेसेंट (ख) सुचेता कृपलानी
(ग) सरोजिनी नायडू (घ) अरुणा आसफ अली

511. गांधीजी चाहते थे कि छात्र अपनी छुट्टियाँ ... के क्षेत्र में बिताएँ?
(क) समाज-सेवा (ख) खेल-कूद
(ग) अध्ययन (घ) विद्रोही गतिविधि

512. महात्मा गांधी द्वारा संपादित अंग्रेजी साप्ताहिक पत्र का क्या नाम था?
(क) बंबई (ख) रिसर्जेंट इंडिया
(ग) यंग इंडिया (घ) केसरी

513. दक्षिण अफ्रीका में गांधीजी ने कौन सी पत्रिका प्रकाशित की थी?
(क) इंडियन ओपीनियन (ख) अफ्रीकानेर
(ग) नवजीवन (घ) इंडिया गजट

514. किस आंदोलन के समय गांधीजी ने सभी विदेशी वस्तुओं के बहिष्कार का आह्वान किया था?

उत्तर के लिए कृपया पृष्ठ सं. 149 देखें।

(क) खिलाफत (ख) सविनय अवज्ञा
(ग) स्वदेशी (घ) असहयोग

515. जलियाँवाला बाग हत्याकांड में जनरल डायर की गोलियों के शिकार हुए व्यक्तियों की संख्या कितनी थी?
(क) 15,000 (ख) 25,000
(ग) 20,000 (घ) 10,000

516. गांधीजी की अनुपस्थिति में भारत छोड़ो आंदोलन का नेतृत्व किसने किया था?
(क) दादाभाई नौरोजी (ख) अरुणा आसफ अली
(ग) सरोजिनी नायडू (घ) जवाहरलाल नेहरू

517. गांधीजी ने भारत में आंदोलन के दौरान सबसे पहले किस मुद्दे पर अनशन किया था?
(क) चंपारण सत्याग्रह
(ख) चौरीचौरा
(ग) पूर्वी भारत में सांप्रदायिक दंगे
(घ) अहमदाबाद में मिल-मजदूरों की हड़ताल

518. महात्मा गांधी द्वारा चंपारण में सत्याग्रह आंदोलन किस वर्ष चलाया गया?
(क) सन् 1915 (ख) सन् 1917
(ग) सन् 1919 (घ) सन् 1930

519. सन् 1917-18 के दौरान अहमदाबाद में गांधीजी ने अपने संघर्ष में इनमें से किस वर्ग को शामिल किया?
(क) किसान (ख) औद्योगिक कामगार
(ग) आम जनता (घ) मजदूर

520. गांधीजी ने सत्याग्रह का अस्त्र सर्वप्रथम कहाँ पर आजमाया था?
(क) दक्षिण अफ्रीका (ख) चंपारण
(ग) बारदोली (घ) दांडी

521. किसके विरोध में गांधीजी ने 1919 में सत्याग्रह आंदोलन चलाया था?
(क) साइमन कमीशन (ख) चंपारण की ज्यादतियाँ
(ग) रोलेट ऐक्ट का बनना (घ) भारत का शोषण

522. निम्नलिखित में से किस नेता ने सत्याग्रह आश्रम स्थापित किया था?

उत्तर के लिए कृपया पृष्ठ सं. 149 देखें।

(क) महात्मा गांधी (ख) जे.बी. कृपलानी
(ग) विनोबा भावे (घ) इनमें से कोई नहीं

523. इनमें से किस विफलता के कारण 'भारत छोड़ो' आंदोलन चलाया गया?
(क) क्रिप्स मिशन (ख) साइमन कमीशन की सिफारिशें
(ग) कैबिनेट मिशन (घ) इनमें से कोई नहीं

524. किस प्रख्यात संगीतकार ने दांडी यात्रा के दौरान 'रघुपति राघव राजा राम' भजन का गायन किया था?
(क) मल्लिकार्जुन मंसूर (ख) कृष्णराव शंकर पंडित
(ग) ओंकार नाथ ठाकुर (घ) विष्णु दिगंबर पलुस्कर

525. गांधीजी के असहयोग आंदोलन की इनमें से क्या विशेषता थी?
(क) व्यापक स्तर पर यह बहुत बड़ा आंदोलन था
(ख) इससे जनता की सहनशीलता, योग्यता एवं इच्छाशक्ति प्रदर्शित हुई
(ग) जन-आंदोलन के कारगर अस्त्र के रूप में पहली बार अहिंसा का प्रयोग किया गया
(घ) इनमें से कोई नहीं

526. महात्मा गांधी ने किस व्यक्ति/नेता के बारे में ये शब्द कहे थे—''स्फटिक के समान पारदर्शी, सिंह के समान वीर, राजनीतिक क्षेत्र के सर्वगुण-संपन्न व्यक्ति''?
(क) बाल गंगाधर तिलक (ख) मोतीलाल नेहरू
(ग) गोपाल कृष्ण गोखले (घ) चित्तरंजन दास

527. 'भारत छोड़ो' आंदोलन के बारे में इनमें से कौन सा कथन सही है?
(क) यह पूर्णतः अहिंसात्मक आंदोलन था
(ख) उच्च-मध्य वर्ग ने इस आंदोलन में रुचि दिखाई
(ग) इस आंदोलन में मुसलिम वर्ग ने भाग नहीं लिया
(घ) इस आंदोलन के कारण ब्रिटिश शासकों ने भारत को स्वतंत्रता देने पर गंभीरता से सोचना शुरू कर दिया

528. सन् 1930 में महात्मा गांधी ने सविनय अवज्ञा आंदोलन इनमें से किस स्थान से शुरू किया?
(क) वर्धा (ख) सेवाग्राम
(ग) साबरमती (घ) दांडी

उत्तर के लिए कृपया पृष्ठ सं. 149 देखें।

529. 'भारत छोड़ो' आंदोलन के कारण संवैधानिक अवरोध आने के बाद यह किसने कहा था—''क्रिप्स वापस जाओ''?
(क) महात्मा गांधी (ख) जवाहरलाल नेहरू
(ग) राजेंद्र प्रसाद (घ) सी. राजगोपालाचारी

530. 'हिंद स्वराज' का लेखक इनमें से कौन था?
(क) विनायक दामोदर सावरकर (ख) महात्मा गांधी
(ग) बाल गंगाधर तिलक (घ) स्वामी श्रद्धानंद

531. द्वितीय विश्वयुद्ध के दौरान भारतीय राष्ट्रीय कांग्रेस ने कौन सा आंदोलन चलाया, जो स्वाधीनता संग्राम का अंग बना?
(क) होमरूल आंदोलन (ख) सविनय अवज्ञा आंदोलन
(ग) भारत छोड़ो आंदोलन (घ) स्वदेशी आंदोलन

532. महात्मा गांधी की हत्या कब हुई थी?
(क) 26 जनवरी, 1948 (ख) 30 जनवरी, 1949
(ग) 30 जनवरी, 1949 (घ) 26 जनवरी, 1950

533. 'सत्याग्रह सभा' महात्मा गांधी द्वारा कहाँ पर स्थापित की गई थी?
(क) पूना (ख) कलकत्ता
(ग) बंबई (घ) अहमदाबाद

534. इनमें से कौन सी अंतरराष्ट्रीय घटना थी, जिसकी वजह से भारत में महात्मा गांधी के आने के पहले ही राष्ट्रीय आंदोलन की शुरुआत हो गई?
1. इटली और अबीसीनिया युद्ध, 1898
2. चीन में बॉक्सर आंदोलन
3. आयरलैंड में क्रांतिकारी आंदोलन
4. रूस-जापान युद्ध में जापान की जीत
(क) 1, 2 और 3 (ख) 3 और 4
(ग) 1, 2 और 4 (घ) 1, 2, 3 और 4

535. जब महात्मा गांधी दांडी यात्रा पर निकले तो उनका साथ देने के लिए अन्य कौन-कौन उनके साथ थे?
(क) वल्लभभाई पटेल और सरोजिनी नायडू
(ख) जवाहरलाल नेहरू और सरोजिनी नायडू

उत्तर के लिए कृपया पृष्ठ सं. 149 देखें।

(ग) जवाहरलाल नेहरू और राजेंद्र प्रसाद
(घ) राजेंद्र प्रसाद और सरोजिनी नायडू

536. सन् 1937 के चुनाव में कांग्रेस ने कितने प्रांतों में अपनी सरकार बनाई?
(क) 7 (ख) 9
(ग) 5 (घ) इनमें कोई नहीं

537. महात्मा गांधी भारतीय स्वतंत्रता संग्राम से किस वर्ष जुड़े?
(क) सन् 1911 (ख) सन् 1915
(ग) सन् 1917 (घ) सन् 1919

538. महात्मा गांधी का जन्म किस स्थान पर हुआ था?
(क) वर्धा (ख) साबरमती
(ग) अहमदाबाद (घ) पोरबंदर

539. भारत में ब्रिटिशों के विरोध में चलाया गया पहला आंदोलन कौन सा था?
(क) खिलाफत आंदोलन (ख) स्वदेशी आंदोलन
(ग) भारत छोड़ो आंदोलन (घ) असहयोग आंदोलन

540. निम्न में से किसने महात्मा गांधी के विचारों को प्रभावित किए?
(क) कार्ल मार्क्स (ख) हिटलर
(ग) टॉल्सटॉय (घ) लेनिन

541. खिलाफत आंदोलन को इनमें से किसने 'हिंदू और मुसलिम एकता' के रूप में देखा, जो कि सौ वर्षों में भी पैदा नहीं हो पाई थी?
(क) खान अब्दुल गफ्फार खान (ख) एनी बेसेंट
(ग) महात्मा गांधी (घ) बाल गंगाधर तिलक

542. कैबिनेट मिशन के अंतर्गत बनी अंतरिम सरकार ने इनमें से किसके कार्यकाल में पदभार ग्रहण किया?
(क) विलियम वार्ड (ख) एस.सी. चार्ल्स
(ग) स्टैफोर्ड क्रिप्स (घ) विंस्टन चर्चिल

543. कैबिनेट मिशन का क्या उद्देश्य था?
(क) संविधान-निर्मात्री समिति का गठन करना
(ख) भारतीयों को अधिकार प्रदान करने में मदद करना
(ग) भारत का बँटवारा
(घ) भारत को संप्रभुता प्रदान करना

उत्तर के लिए कृपया पृष्ठ सं. 149-150 देखें।

544. इंडियन नेशनल आर्मी (आई.एन.ए.) का गठन कहाँ पर हुआ था?
(क) जापान (ख) बर्मा
(ग) मलाया (घ) सिंगापुर

545. इनमें से कौन-कौन सन् 1942 के आंदोलन के मुख्य आधार थे?
(क) छात्र और कारागार (ख) किसान और मजदूर
(ग) साहूकार और छात्र (घ) किसान और छात्र

546. इनमें से किस घटना ने अंतरिम रूप धारण किया?
(क) मिंटो-मार्ले सुधार (ख) गांधी-इरविन समझौता
(ग) कैबिनेट मिशन योजना (घ) क्रिप्स मिशन

547. 19 फरवरी, 1946 को प्रधानमंत्री एटली ने घोषणा की कि उनकी सरकार एक कैबिनेट मिशन भारत भेज रही है, जिसमें तीन कैबिनेट मंत्री भी शामिल थे। वे कौन-कौन थे?
(क) लॉर्ड चार्ल्स, जॉन प्रिंसेप और लॉर्ड पेथिक
(ख) क्रिप्स, जॉन मेडले और लॉर्ड स्टेंटिक
(ग) लॉर्ड पेथिक लॉरेंस, क्रिप्स और ए.वी. एलेक्जेंडर
(घ) चार्ल्स सोरेन, मैडम मरियम और जॉन सोर

548. कैबिनेट मिशन की अध्यक्षता इनमें से किसके द्वारा की गई?
(क) क्लीमेंट एटली (ख) सर पी. लॉरेंस
(ग) स्टैफोर्ड क्रिप्स (घ) ए.वी. एलेक्जेंडर

549. भारतीय स्वतंत्रता अधिनियम 1947 को ब्रिटिश सरकार ने कब समाप्त किया?
(क) मार्च 1947 (ख) मई 1947
(ग) जून 1947 (घ) जुलाई 1947

550. भारत के विभाजन के समय भारत में छोटी और बड़ी कुल कितनी रियासतें थीं?
(क) 425 (ख) 503
(ग) 526 (घ) 549

551. भारत में छोटे राज्यों तथा रियासतों के एकीकरण की जिम्मेदारी किसको सौंपी गई थी?
(क) महात्मा गांधी (ख) जवाहरलाल नेहरू
(ग) मो. इकबाल (घ) सरदार पटेल

उत्तर के लिए कृपया पृष्ठ सं. 150 देखें।

552. सरदार पटेल के लौह पुरुषत्व और कुशल नीति को किन राज्यों को छोड़कर शेष सभी राज्यों ने स्वीकार किया?

(क) पंजाब, रोहतास और कश्मीर

(ख) मद्रास, जूनागढ़ और पंजाब

(ग) हैदराबाद, पंजाब और गुजरात

(घ) जूनागढ़, हैदराबाद और कश्मीर

553. सन् 1947 में मांटेग्यू घोषणा में किए गए सुधारों का इनमें से किसने विरोध किया था?

(क) बाल गंगाधर तिलक (ख) चित्तरंजन दास

(ग) महात्मा गांधी (घ) मोहम्मद अली जिन्ना

554. भारत की स्वतंत्रता-प्राप्ति के समय ब्रिटेन का प्रधानमंत्री कौन था?

(क) एटली (ख) माउंटबेटन

(ग) लॉर्ड एल्जिन (घ) लॉर्ड हेनरी

555. बर्मा भारत से किस वर्ष अलग हुआ?

(क) सन् 1935 (ख) सन् 1936

(ग) सन् 1937 (घ) सन् 1947

□

उत्तर के लिए कृपया पृष्ठ सं. 150 देखें।

8

ब्रिटिश सरकार में संवैधानिक विकास

556. रेगुलेटिंग ऐक्ट किस वर्ष पास हुआ?

(क) सन् 1775 (ख) सन् 1770

(ग) सन् 1773 (घ) सन् 1779

557. रेगुलेटिंग ऐक्ट किस प्रधानमंत्री के प्रयासों से पास हुआ था?

(क) एटली (ख) चार्ल्स

(ग) हेनरी पंचम (घ) लॉर्ड नॉर्थ

558. रेगुलेटिंग ऐक्ट प्रतिबंधित किया गया—

(क) प्रोपराइटर्स कोर्ट में मतदान का अधिकार

(ख) प्रशासनिक स्थिति बदलने के लिए

(ग) भूल-चूक (लेप्स) सिद्धांत

(घ) भारत की स्वतंत्रता

559. पिट्स इंडिया ऐक्ट किस वर्ष लाया गया?

(क) सन् 1779 (ख) सन् 1777

(ग) सन् 1782 (घ) सन् 1784

560. पहला चार्टर ऐक्ट किस वर्ष पास हुआ था?

(क) सन् 1770 (ख) सन् 1792

(ग) सन् 1793 (घ) सन् 1799

561. किस ऐक्ट के अंतर्गत चाय और चीनी के व्यापार को छोड़कर कंपनी के भारतीय व्यापार के अधिकार को समाप्त कर दिया गया?

उत्तर के लिए कृपया पृष्ठ सं. 150 देखें।

(क) 1793 का चार्टर ऐक्ट (ख) 1813 का चार्टर ऐक्ट
(ग) 1833 का चार्टर ऐक्ट (घ) 1853 का चार्टर ऐक्ट

562. किस ऐक्ट के अंतर्गत भारतीय व्यापार को ब्रिटिश साहूकारों के लिए खोल दिया गया था?
(क) 1793 का चार्टर ऐक्ट (ख) 1813 का चार्टर ऐक्ट
(ग) 1833 का चार्टर ऐक्ट (घ) 1853 का चार्टर ऐक्ट

563. वायसराय की कार्यकारिणी में शामिल होनेवाले प्रथम भारतीय इनमें से कौन थे?
(क) चित्तरंजन दास (ख) बिपिनचंद्र पाल
(ग) सुभाषचंद्र बोस (घ) सत्येंद्र प्रसाद सिन्हा

564. गवर्नमेंट ऑफ इंडिया ऐक्ट-1919 के अंतर्गत मतदान के अधिकार को—
(क) विस्तृत किया गया
(ख) कुछ लोगों तक सीमित किया गया
(ग) सभी नागरिकों को प्रदान किया गया
(घ) उपर्युक्त में से कोई भी नहीं

565. इनमें से किस ऐक्ट के अंतर्गत नियुक्ति के अधिकार को समाप्त करके जन-सेवकों की भरती प्रतियोगी परीक्षाओं के द्वारा शुरू की गई?
(क) चार्टर ऐक्ट, 1813 (ख) चार्टर ऐक्ट, 1833
(ग) चार्टर ऐक्ट, 1793 (घ) चार्टर ऐक्ट, 1853

566. किस ऐक्ट के अंतर्गत संपूर्ण भारत पर ईस्ट इंडिया कंपनी के अधिकार को ब्रिटिश साम्राज्य को हस्तांतरित कर दिया गया?
(क) इंडियन काउंसिल ऐक्ट, 1861
(ख) गवर्नमेंट ऑफ इंडिया ऐक्ट, 1858
(ग) चार्टर ऐक्ट, 1853
(घ) इंडियन काउंसिल ऐक्ट, 1909

567. किस ऐक्ट के अंतर्गत बेस ऑफ कंट्रोल और बोर्ड ऑफ डायरेक्टर्स द्वारा चलाई जा रही दोहरी नीति को खत्म कर दिया गया?
(क) इंडियन काउंसिल ऐक्ट, 1861
(ख) गवर्नमेंट ऑफ इंडिया ऐक्ट, 1858
(ग) चार्टर ऐक्ट, 1853
(घ) इंडियन काउंसिल ऐक्ट, 1909

उत्तर के लिए कृपया पृष्ठ सं. 150 देखें।

568. मिंटो-मार्ले सुधारों को जाना जाता है—
(क) इंडियन काउंसिल ऐक्ट, 1909
(ख) गवर्नमेंट ऑफ इंडिया ऐक्ट, 1919
(ग) अगस्त प्रस्ताव, 1940
(घ) इंडियन काउंसिल ऐक्ट, 1892

569. इनमें से कौन से ऐक्ट के अंतर्गत शिक्षित भारतीयों के संघ को ब्रिटिश सरकार के साथ जोड़ा?
(क) इंडियन काउंसिल ऐक्ट, 1909
(ख) गवर्नमेंट ऑफ इंडिया ऐक्ट, 1919
(ग) अगस्त प्रस्ताव, 1940
(घ) चार्टर ऐक्ट, 1853

570. लॉर्ड लिनलिथगो ने एक घोषणा प्रस्तावित की, वह किस नाम से जानी जाती है?
(क) क्रिप्स प्रस्ताव
(ख) सी.आर. सिद्धांत
(ग) गवर्नमेंट ऑफ इंडिया ऐक्ट, 1935
(घ) अगस्त प्रस्ताव

571. लॉर्ड लिनलिथगो ने अगस्त प्रस्ताव कब प्रस्तावित किया था?
(क) 3 अप्रैल, 1940 (ख) 18 मार्च, 1940
(ग) 18 अगस्त, 1940 (घ) 8 अगस्त, 1940

572. सर स्टैफोर्ड ने क्रिप्स प्रस्ताव कब प्रस्तावित किया था?
(क) सन् 1941 (ख) सन् 1942
(ग) सन् 1945 (घ) सन् 1946

573. मुसलिम लीग और कांग्रेस को एक-दूसरे के निकट लाने के लिए सी. राजगोपालाचारी ने गांधीजी और जिन्ना से बातचीत की। इसे कहा गया—
(क) सी.आर. फॉर्मूला सिद्धांत (ख) कैबिनेट मिशन
(ग) अगस्त प्रस्ताव (घ) माउंटबेटन योजना

574. निम्न में से किस ऐक्ट के अंतर्गत भारत को भारत और पाकिस्तान दो राष्ट्रों में विभाजित किया गया?
(क) कैबिनेट मिशन (ख) इंडिया इंडिपेंडेंस ऐक्ट
(ग) अगस्त प्रस्ताव (घ) सी.आर. सिद्धांत

उत्तर के लिए कृपया पृष्ठ सं. 150 देखें।

575. जब क्रिप्स मिशन भारत आया तब ब्रिटेन के प्रधानमंत्री कौन थे?

(क) चर्चिल (ख) एटली

(ग) पाल्मस्टोन (घ) हेनरी चतुर्थ

576. गवर्नमेंट ऑफ इंडिया ऐक्ट, 1935 की महत्त्वपूर्ण विशेषताएँ क्या थीं?

(क) द्विशासन (ख) अलग से मतदान

(ग) भारत का विभाजन (घ) प्रांतीय स्वशासन

577. किस ऐक्ट के द्वारा केंद्र और प्रांत दोनों में पार्षदों की नियुक्ति के लिए राज्य में उत्तराधिकारी की मान्यता अनिवार्य कर दी गई?

(क) चार्टर ऐक्ट, 1813

(ख) चार्टर ऐक्ट, 1853

(ग) गवर्नमेंट ऑफ इंडिया ऐक्ट, 1909

(घ) गवर्नमेंट ऑफ इंडिया ऐक्ट, 1919

578. इनमें से किस ऐक्ट के अंतर्गत मुसलिमों के लिए अलग से निर्वाचन क्षेत्र बनाए गए?

(क) मिंटो–मार्ले सुधार

(ख) गवर्नमेंट ऑफ इंडिया ऐक्ट, 1919

(ग) अगस्त प्रस्ताव, 1940

(घ) इंडियन काउंसिल ऐक्ट, 1892

579. किस ऐक्ट ने द्विशासन की तरह दो भागों में विभक्त 'संघीय कार्यकारिणी' से अवगत कराया?

(क) गवर्नमेंट ऑफ इंडिया ऐक्ट, 1919

(ख) गवर्नमेंट ऑफ इंडिया ऐक्ट, 1935

(ग) अगस्त प्रस्ताव

(घ) सी.आर. सिद्धांत

580. भारत में को–ऑपरेटिव सोसाइटी ऐक्ट पहली बार कब पारित हुआ?

(क) सन् 1900 (ख) सन् 1902

(ग) सन् 1904 (घ) सन् 1906

581. इनमें से कौन सा वायसराय डिफेंस इंडिया ऐक्ट से संबंधित है?

(क) लॉर्ड वैवेल (ख) लॉर्ड रिपन

(ग) लॉर्ड इरविन (घ) लॉर्ड एल्जिन

उत्तर के लिए कृपया पृष्ठ सं. 150 देखें।

582. किस ऐक्ट ने राष्ट्रीय आंदोलन को निर्णायक स्थिति प्रदान की तथा उसे एक संगठित रूप दिया?

(क) गवर्नमेंट ऑफ इंडिया ऐक्ट, 1909

(ख) अल्बर्ट बिल

(ग) गवर्नमेंट ऑफ इंडिया ऐक्ट, 1919

(घ) रोलेट ऐक्ट

583. भारत के सर्वोच्च न्यायालय के पहले न्यायाधीश कौन थे?

(क) सर फ्रांसिस (ख) क्लेवरिंग

(ग) मॉनसन (घ) सर एलिजा एंपी

584. भारत के गवर्नर जनरल का कार्यालय इनमें से किस ऐक्ट के अंतर्गत बनाया गया?

(क) चार्टर ऐक्ट, 1813

(ख) चार्टर ऐक्ट, 1833

(ग) गवर्नमेंट ऑफ इंडिया ऐक्ट, 1858

(घ) गवर्नमेंट ऑफ इंडिया ऐक्ट, 1935

585. लॉर्ड डलहौजी द्वारा भारत के प्रांतों के एकीकरण के सिद्धांत को किस नाम से जाना जाता है?

(क) डॉक्ट्रिन ऑफ लैप्स (ख) डॉक्ट्रिन ऑफ रिंग फेंस

(ग) डॉक्ट्रिन ऑफ अनैक्सेसन (घ) डॉक्ट्रिन ऑफ इंटरवेशन

586. इनमें से किस राज्य को लॉर्ड डलहौजी ने 'राज्य हड़प नीति' के अंतर्गत ब्रिटिश साम्राज्य में मिला लिया?

(क) उदयपुर (ख) मैसूर

(ग) ग्वालियर (घ) उदयगढ़

587. इंडियन काउंसिल ऐक्ट, 1816 ने कौन सा कानून बनाया?

(क) सती प्रथा का अंत

(ख) कार्यकारिणी परिषद् में सीटों की संख्या को बढ़ाया

(ग) विधानसभा की सीटों की संख्या में वृद्धि

(घ) (ख) और (ग) दोनों

588. बंगाल म्यूनिसिपल ऐक्ट, 1884 किस वायसराय के कार्यकाल में पास हुआ?

उत्तर के लिए कृपया पृष्ठ सं. 150 देखें।

(क) लॉर्ड विलियम बेंटिक (ख) लॉर्ड डलहौजी
(ग) लॉर्ड कैनिंग (घ) लॉर्ड रिपन

589. प्रथम इंडियन फैक्टरी ऐक्ट, 1881 प्रमुखत: इनमें से किस समस्या से जुड़ा है?
(क) महिला श्रम (ख) बाल श्रम
(ग) कौशलयुक्त श्रम (घ) अकुशल श्रम

590. द्वितीय इंडियन फैक्टरी ऐक्ट, 1891 किस समस्या से जुड़ा हुआ है?
(क) सभी मजदूरों के लिए राशन का प्रावधान
(ख) सभी कामगारों के लिए साप्ताहिक अवकाश का प्रावधान
(ग) सभी कामगारों के लिए बोनस का प्रावधान
(घ) सभी कामगारों के लिए पेंशन का प्रावधान

591. इनमें से कौन सा प्रावधान फैक्टरी ऐक्ट, 1911 से संबंधित है?
(क) संघीय क्रिया-कलाप
(ख) मजदूरों को मुआवजा
(ग) न्यूनतम पारिश्रमिक
(घ) उद्योग के कामगारों को स्वास्थ्य और सुरक्षा

592. ट्रेड यूनियन ऐक्ट कब पास हुआ था, जिसमें स्वैच्छिक पंजीकरण का प्रावधान रखा गया था और पंजीकृत ट्रेड यूनियन को कुछ विशेषाधिकार दिए गए थे, साथ ही कुछ देयताएँ रखी गई थीं?
(क) सन् 1929 (ख) सन् 1926
(ग) सन् 1923 (घ) सन् 1920

593. विधवा पुनर्विवाह ऐक्ट किसके द्वारा पारित किया गया था?
(क) लॉर्ड कैनिंग (ख) लॉर्ड ऑकलैंड
(ग) लॉर्ड डलहौजी (घ) लॉर्ड विलियम बेंटिक

594. किस ऐक्ट के द्वारा पहली बार शिक्षा सरकारी तौर पर भारतीय नियंत्रण में आ गई?
(क) इंडियन काउंसिल ऐक्ट, 1892
(ख) इंडियन काउंसिल ऐक्ट, 1909
(ग) गवर्नमेंट ऑफ इंडिया ऐक्ट, 1919
(घ) गवर्नमेंट ऑफ इंडिया ऐक्ट, 1895 ☐

उत्तर के लिए कृपया पृष्ठ सं. 150 देखें।

9

स्वाधीनता संग्राम के दौरान प्रकाशित समाचार-पत्र, पत्रिकाएँ, पुस्तकें और नारे

595. यह प्रसिद्ध नारा किसने दिया था—"स्वराज्य हमारा जन्मसिद्ध अधिकार है"?

(क) राजा राममोहन राय (ख) बाल गंगाधर तिलक

(ग) सुभाषचंद्र बोस (घ) लाला लाजपत राय

596. 'जय हिंद' का नारा इनमें से किस महान् नेता ने दिया था?

(क) भगतसिंह (ख) चंद्रशेखर आजाद

(ग) सुभाषचंद्र बोस (घ) जवाहरलाल नेहरू

597. 'इंडियन मिरर' समाचार–पत्र इनमें से किसके द्वारा निकाला गया?

(क) अबुल कलाम आजाद (ख) महात्मा गांधी

(ग) एम.जी. रानाडे (घ) राजा राममोहन राय

598. 'निर्बल सेवक' पत्र हिंदी और उर्दू भाषा में इनमें से किसके द्वारा निकाला गया था?

(क) दीनबंधु (ख) महेंद्र प्रताप

(ग) मौलाना मोहम्मद अली (घ) सरोजिनी नायडू

599. 'शब्द कौमुदी' पत्र के माध्यम से सन् 1819 में इनमें से किसने सती प्रथा के उन्मूलन के लिए आंदोलन चलाया?

उत्तर के लिए कृपया पृष्ठ सं. 150-151 देखें।

(क) राजा राममोहन राय (ख) ईश्वरचंद्र विद्यासागर
(ग) केशवचंद्र सेन (घ) एम.जी. रानाडे

600. 'तत्त्वबोधिनी' पत्रिका किसके द्वारा प्रकाशित होती थी?
(क) राजा राममोहन राय (ख) रवींद्रनाथ टैगोर
(ग) देवेंद्रनाथ टैगोर (घ) सत्येंद्रनाथ टैगोर

601. 'बामबोधिनी पत्रिका' किसके द्वारा निकाली गई थी?
(क) एम.जी. रानाडे (ख) राजा राममोहन राय
(ग) एच.पी. ब्लावत्स्की (घ) केशवचंद्र सेन

602. 'इंडिया डिवाइडेड' के लेखक कौन थे?
(क) महात्मा गांधी (ख) मोहम्मद अली जिन्ना
(ग) राजेंद्र प्रसाद (घ) जवाहरलाल नेहरू

603. 'इंडिया विंस फ्रीडम' के लेखक इनमें से कौन थे?
(क) अबुल कलाम आजाद (ख) अरविंद घोष
(ग) विनायक दामोदर सावरकर (घ) सुभाषचंद्र बोस

604. राष्ट्रवाद का प्रचार करने के लिए 'अल-हिलाल' समाचार-पत्र किसने निकाला था?
(क) अबुल कलाम आजाद (ख) महात्मा गांधी
(ग) मोहम्मद अली (घ) सैयद अहमद खान

605. 'द नेशंस वॉइस' के रचयिता कौन थे?
(क) अरविंद घोष (ख) के.एम. मुंशी
(ग) सी. राजगोपालाचारी (घ) प्रेमचंद

606. 'सेक्रेड फ्लूट' के लेखक कौन थे?
(क) महात्मा गांधी (ख) सरोजिनी नायडू
(ग) ज्योति बा फुले (घ) स्वामी विवेकानंद

607. 'डिस्कवरी ऑफ इंडिया' (भारत की खोज) पुस्तक किसने लिखी थी?
(क) गोविंद वल्लभ पंत (ख) जवाहरलाल नेहरू
(ग) महात्मा गांधी (घ) सोहनलाल पाठक

608. 'पॉवर्टी ऐंड अन-ब्रिटिश (Un-British) रूल इन इंडिया' पुस्तक किसने लिखी थी?
(क) जवाहरलाल नेहरू (ख) के.एम. मुंशी
(ग) दादाभाई नौरोजी (घ) नव गोपाल मित्र

उत्तर के लिए कृपया पृष्ठ सं. 151 देखें।

609. 'सरोजिनी' नामक साप्ताहिक किसने निकाला था, जिसमें पहली बार विदेशी वस्तुओं के बहिष्कार का सुझाव दिया गया था?
(क) बी.सी. पंत (ख) के.के. मित्रा
(ग) एस.सी. बनर्जी (घ) डब्ल्यू.सी. बनर्जी

610. 'कॉजेज ऑफ दि इंडियन म्यूटिनी' (भारतीय विद्रोह के कारण) पुस्तक के लेखक कौन हैं?
(क) दयानंद सरस्वती (ख) राजा राममोहन राय
(ग) चित्तरंजन दास (घ) सर सैयद अहमद खाँ

611. 'इंडियन अनरेस्ट' के लेखक कौन थे?
(क) गोपाल कृष्ण गोखले (ख) भगतसिंह
(ग) सुभाषचंद्र बोस (घ) बाल गंगाधर तिलक

612. 'अंत्योदय' की संकल्पना को साकार करनेवाले महापुरुष इनमें से कौन थे?
(क) महात्मा गांधी (ख) विनोबा भावे
(ग) श्रीअरविंद (घ) जयप्रकाश नारायण

613. राष्ट्रीय गीत 'वंदे मातरम्' के रचयिता का नाम बताइए?
(क) रवींद्रनाथ टैगोर (ख) मोहम्मद इकबाल
(ग) चित्तरंजन दास (घ) बंकिमचंद्र चटर्जी

614. 'इनकलाब जिंदाबाद' नारा इनमें से किसकी देन है?
(क) मोहम्मद इकबाल (ख) भगतसिंह
(ग) चंद्रशेखर आजाद (घ) विनायक दामोदर सावरकार

615. 'इंदुलेखा' (1889) के लेखक कौन थे?
(क) दादाभाई नौरोजी (ख) चंद्र मेनन
(ग) एम.जी. रानाडे (घ) गोपाल कृष्ण गोखले

616. 'इंडिया ऐंड द वर्ल्ड' पुस्तक के लेखक कौन हैं?
(क) जवाहरलाल नेहरू (ख) राजा राममोहन राय
(ग) सुभाषचंद्र बोस (घ) सी. राजगोपालाचारी

617. 'कॉन्क्वेस्ट ऑफ सेल्फ' (आत्म-विजय) के लेखक कौन थे?
(क) चित्तरंजन दास (ख) सी.एफ. एंड्रूज
(ग) महात्मा गांधी (घ) सरोजिनी नायडू

उत्तर के लिए कृपया पृष्ठ सं. 151 देखें।

618. भारतीय राष्ट्रीय कांग्रेस के अधिवेशन में 'वंदे मातरम्' किस वर्ष पहली बार गाया गया?

(क) सन् 1886 (ख) सन् 1892

(ग) सन् 1896 (घ) सन् 1904

619. 'न्यू इंडिया' पत्र किसके द्वारा प्रकाशित किया जाता था?

(क) एनी बेसेंट (ख) जवाहरलाल नेहरू

(ग) मोहम्मद अली जिन्ना (घ) चित्तरंजन दास

620. इनमें से किस राजनेता को 'पंजाब केसरी' कहा जाता था?

(क) लाला लाजपत राय (ख) लाला हरदयाल

(ग) लाला हेमचंद्र (घ) भगतसिंह

621. इनमें से 'बंगाल गजट' के संपादक कौन थे?

(क) राजा राममोहन राय (ख) एम.जी. रानाडे

(ग) पी.के. सेन (घ) जेम्स आगस्ट्स हिकी

622. 'ग्लिंपसेज ऑफ द वर्ल्ड हिस्ट्री' के रचयिता कौन थे?

(क) जवाहरलाल नेहरू (ख) महात्मा गांधी

(ग) के.एम. मुंशी (घ) सुभाषचंद्र बोस

623. 'द असेज ऑफ गीता' पुस्तक किसने लिखी?

(क) सुभाषचंद्र बोस (ख) स्वामी विवेकानंद

(ग) स्वामी दयानंद सरस्वती (घ) अरविंद घोष

624. 'ए बंच ऑफ ओल्ड लेटर्स' नामक पुस्तक किसके द्वारा लिखी गई?

(क) महात्मा गांधी (ख) जवाहरलाल नेहरू

(ग) विट्ठलभाई पटेल (घ) सोहनलाल पाठक

625. 'परिदर्शक' साप्ताहिक पत्र किसने निकाला था?

(क) बिपिनचंद्र पाल (ख) बाल गंगाधर तिलक

(ग) के.एम. मुंशी (घ) एम.जी. रानाडे

626. 'वंदे मातरम्' पत्र के संपादक इनमें से कौन थे?

(क) विट्ठलभाई पटेल (ख) राजगुरु

(ग) एम.एन. रॉय (घ) सोहनलाल पाठक

627. इनमें से किसे 'आंध्र केसरी' कहा जाता है?

(क) वासुदेव बलवंत फड़के (ख) शिवराम

(ग) टी. प्रकाशम (घ) गोविंद बल्लभ पंत

उत्तर के लिए कृपया पृष्ठ सं. 151 देखें।

628. 'इंडियन फिलॉसफी' शीर्षक पुस्तक किसके द्वारा लिखित है ?
(क) टी. प्रकाशम (ख) सी. राजगोपालाचारी
(ग) शिवराम (घ) राधाकृष्णन

629. 'अल-नदवाह' (द वकील) कृति किसने प्रकाशित की थी ?
(क) असुर सिंह (ख) एम.ए. अंसारी
(ग) मोहम्मद अली जिन्ना (घ) अबुल कलाम आजाद

630. बंबई और पुणे से क्रमशः 'इंदुप्रकाश' एवं 'ज्ञानप्रकाश' समाचार-पत्र किसने प्रकाशित किए ?
(क) गोपाल कृष्ण गोखले (ख) कस्तूरबा गांधी
(ग) महात्मा गांधी (घ) जी.एच. देशमुख

631. 'इकोनॉमिक हिस्ट्री ऑफ ब्रिटिश इंडिया इन विक्टोरियन एज' किसने लिखी ?
(क) रानी गाइडिन्ल्यू (ख) अरविंद घोष
(ग) रमेशचंद्र दत्त (घ) महादेव देसाई

632. सन् 1865 में प्रसिद्ध उपन्यास 'दुर्गेशनंदिनी' इनमें से किसने लिखा ?
(क) आशुतोष चौधरी (ख) बी.सी. चट्टोपाध्याय
(ग) चित्तरंजन दास (घ) बी.सी. चटर्जी

633. सन् 1906 में बंगाली साप्ताहिक 'द युगांतर' किसने शुरू किया था ?
(क) लाल मोहन घोष (ख) जतिन दास
(ग) वारींद्र कुमार घोष (घ) कल्पना दत्त

634. 'डायमंड ऑफ इंडिया' (भारत का रत्न) निम्न में से किसे कहा जाता है ?
(क) बाल गंगाधर तिलक (ख) गोपाल कृष्ण गोखले
(ग) लाला लाजपत राय (घ) भगतसिंह

635. ब्रिटिश सरकार विरोधी पत्र 'वंदे मातरम्' इनमें से किसने निकाला था ?
(क) डेविड ह्यूम (ख) ए.के. फजलुल
(ग) लाला हरदयाल (घ) विनायक दामो. सावरकर

636. यह प्रसिद्ध क्रांतिकारी गीत किसने लिखा था—''सरफरोशी की तमन्ना अब हमारे दिल में है, देखना है जोर कितना बाजु-ए-कातिल में है।''
(क) भगतसिंह (ख) राम प्रसाद बिस्मिल
(ग) चंद्रशेखर आजाद (घ) राजगुरु

उत्तर के लिए कृपया पृष्ठ सं. 151 देखें।

637. 'इंडियन पीपुल्स' के संपादक इनमें से कौन थे?
(क) सी.वाई. चिंतामणि (ख) चित्तरंजन दास
(ग) के.एम. मुंशी (घ) महादेव देसाई

638. 'सारे जहाँ से अच्छा हिंदोस्ताँ हमारा' प्रसिद्ध गीत किसने लिखा था?
(क) अबुल कलाम आजाद (ख) मोहम्मद इकबाल
(ग) सैयद अहमद खाँ (घ) बदरुद्दीन तैयबजी

639. 'दक्षिण भारत का ग्रैंड ओल्ड मैन' नाम से कौन लोकप्रिय हुआ?
(क) मुकुंद रामारू (ख) एस.के. आयंगर
(ग) एस. सुब्रह्मण्य अय्यर (घ) बलिराम हेडगेवार

640. 'वंदे मातरम्' नामक उर्दू दैनिक तथा 'द पीपुल' नामक अंग्रेजी-साप्ताहिक किसने निकाले थे?
(क) लाला हरदयाल (ख) लाला लाजपत राय
(ग) भगतसिंह (घ) एस.एस. अय्यर

641. 'अनहैप्पी इंडिया' शीर्षक पुस्तक किसने लिखी थी?
(क) लाला लाजपतराय (ख) लाला हरदयाल
(ग) अबुल कलाम आजाद (घ) सैयद अहमद खाँ

642. अपने बंगाली नाटक 'नील दर्पण नाटकम्' में यूरोपियन बागान मालिकों द्वारा नील की खेती करनेवाले किसानों के शोषण के विरुद्ध किसने लिखा था?
(क) दीनबंधु मित्रा (ख) बी.सी. चटर्जी
(ग) चित्तरंजन चट्टोपाध्याय (घ) यतींद्र दास

643. 'नेशनल मित्र' इनमें से किसे कहा जाता है?
(क) ई.वी. रामास्वामी (ख) महात्मा गांधी
(ग) चित्तरंजन दास (घ) नवगोपाल मित्र

644. 'वॉयस ऑफ इंडिया' समाचार-पत्र के संपादक कौन थे?
(क) मदन मोहन मालवीय (ख) बहरामजी
(ग) मोहम्मद अली जिन्ना (घ) एन.एम. जोशी

645. 'दिल्ली चलो' की उद्घोषणा इनमें से किस महान् नेता ने की थी?
(क) महात्मा गांधी (ख) जवाहरलाल नेहरू
(ग) सुभाषचंद्र बोस (घ) लाला लाजपत राय

उत्तर के लिए कृपया पृष्ठ सं. 151 देखें।

646. किस एसोसिएशन ने 'गदर' का प्रकाशन शुरू किया था?
(क) हिंद एसोसिएशन (ख) हिंदुस्तान एसोसिएशन
(ग) जय हिंद एसोसिएशन (घ) इनमें से कोई नहीं

647. इनमें से किसे 'भारतीय क्रांतिकारियों की जननी' कहा जाता है?
(क) सरोजिनी नायडू (ख) अरुणा आसफ अली
(ग) कस्तूरबा गांधी (घ) मदाम भीकाजी कामा

648. 'न्यू इरा' नामक पत्र किसने निकाला था?
(क) लियाकत अली (ख) आर.ए. किदवई
(ग) प्रताप सिंह कैरों (घ) सैयद अहमद खाँ

649. प्रसिद्ध उपन्यास 'आनंद मठ' किसने लिखा?
(क) रवींद्रनाथ टैगोर (ख) राजा राममोहन राय
(ग) बंकिमचंद्र चटर्जी (घ) स्वामी दयानंद सरस्वती

650. 'भारतीय पुनरुत्थान के जनक' किनको कहा जाता है?
(क) बाल गंगाधर तिलक (ख) गोपाल कृष्ण गोखले
(ग) लाला लाजपत राय (घ) राजा राममोहन राय

651. 'इंडिया टुडे' नामक पुस्तक किसने लिखी?
(क) एम.जी. रानाडे (ख) आर.पी. दत्त
(ग) राजा राममोहन राय (घ) ज्योति बा फुले

652. इनमें से कौन 'भारतीय राष्ट्रवाद के जनक' कहलाते हैं?
(क) राजा राममोहन राय (ख) जवाहरलाल नेहरू
(ग) सुरेंद्रनाथ बनर्जी (घ) महात्मा गांधी

653. सन् 1895 में 'द हिंदू पैट्रियॉट' समाचार-पत्र के संपादक कौन थे?
(क) दादाभाई नौरोजी (ख) जेम्स हिकी
(ग) हरीशचंद्र मुखर्जी (घ) सूर्यसेन

654. 'असेंबली के जनक' किसे कहा जाता था?
(क) एम.ए. जयकर (ख) मदन मोहन मालवीय
(ग) चित्तरंजन दास (घ) एन.एम. जोशी

655. 'द हिंदू' पत्र के संपादक कौन थे?
(क) एम.आर. जयकर (ख) कस्तूरी रंगा आयंगर
(ग) बीना दास (घ) हेमचंद्र घोष

उत्तर के लिए कृपया पृष्ठ सं. 151 देखें।

656. दीनबंधु एंड्रूज का वास्तविक नाम क्या था?

(क) चार्ल्स जॉन एंड्रूज (ख) चार्ल्स पीटर एंड्रूज

(ग) चार्ल्स फ्रीयर एंड्रूज (घ) चार्ल्स कॉलिन

657. 'बॉम्बे क्रॉनिकल' का प्रकाशन किसने शुरू किया था?

(क) गणेश शंकर विद्यार्थी (ख) फिरोज शाह मेहता

(ग) के.एम. मुंशी (घ) बाल गंगाधर तिलक

658. 'युगांतर' के संपादक कौन थे?

(क) पी.सी. दत्त (ख) भूपेंद्रनाथ दत्त

(ग) चित्तरंजन दास (घ) अरविंद घोष

659. 'न्यू इंडिया' के संपादक इनमें से कौन थे?

(क) एम.जी. रानाडे (ख) महात्मा गांधी

(ग) बिपिनचंद्र पाल (घ) बाल गंगाधर तिलक

660. इनमें से किस प्रथम यूरोपियन ने 'भगवद्गीता' का अंग्रेजी में अनुवाद किया था?

(क) विलियम जोंस (ख) चार्ल्स विल्किंस

(ग) जेम्स प्रिंसेप (घ) सर अलेक्जेंडर कनिंघम

661. किन तीन व्यक्तियों को 'बंबई की त्रयी' कहा जाता था?

(क) एम.जी. रानाडे, दादाभाई नौरोजी, बाल गंगाधर तिलक

(ख) आर.जी. भंडारकर, जी.जी. अगरकर, एम.बी. नामजोशी

(ग) बाल गंगाधर तिलक, गोपाल कृष्ण गोखले, एम.जी. रानाडे

(घ) फिरोजशाह मेहता, के.टी. तैलंग और बदरुद्दीन तैयबजी

662. 'अमृत बाजार पत्रिका' के संस्थापक कौन थे?

(क) बंकिमचंद्र चटर्जी (ख) रवींद्रनाथ टैगोर

(ग) शिशिर कुमार घोष (घ) अरविंद घोष

663. 'बँगला ग्रामर' किसके द्वारा संकलित की गई?

(क) ईश्वरचंद्र विद्यासागर (ख) चित्तरंजन दास

(ग) राजा राममोहन राय (घ) इनमें से कोई नहीं

664. 'आमार सोनार बाँग्ला देशे' की रचना किसने की?

(क) बंकिमचंद्र चटर्जी (ख) रवींद्रनाथ टैगोर

(ग) पी.सी. दत्त (घ) हरीशचंद्र मुखर्जी

उत्तर के लिए कृपया पृष्ठ सं. 151 देखें।

665. 'अल-हिलाल' और 'कॉमरेड' पत्रों पर ब्रिटिश सरकार द्वारा किस वर्ष प्रतिबंध लगा दिया गया था?
(क) सन् 1910 (ख) सन् 1915
(ग) सन् 1913 (घ) सन् 1914

666. 'दि इंडियन स्ट्रगल' पुस्तक किसने लिखी थी?
(क) सुभाषचंद्र बोस (ख) चित्तरंजन दास
(ग) महात्मा गांधी (घ) जवाहरलाल नेहरू

667. 'प्रॉसपरस ब्रिटिश इंडिया' पुस्तक के लेखक कौन हैं?
(क) एस. राधाकृष्णन (ख) राजेंद्र प्रसाद
(ग) सुभाषचंद्र बोस (घ) विलियम डिग्बई

668. इनमें से किसे 'भारतीय बिस्मार्क' कहा जाता है?
(क) सरदार पटेल (ख) महात्मा गांधी
(ग) जवाहरलाल नेहरू (घ) सुभाषचंद्र बोस

669. 'सीमांत गांधी' इनमें से किसे कहा जाता है?
(क) मोहम्मद इकबाल (ख) राजेंद्र प्रसाद
(ग) खान अब्दुल गफ्फार खाँ (घ) बाल गंगाधर तिलक

670. 'संध्या' पत्रिका के संस्थापक कौन थे?
(क) बी. उपाध्याय (ख) सतीशचंद्र मुखर्जी
(ग) बी.सी. पाल (घ) अरविंद घोष

671. 'डॉन' पत्रिका के संस्थापक कौन थे?
(क) बी. उपाध्याय (ख) सतीशचंद्र मुखर्जी
(ग) बी.सी. पाल (घ) अरविंद घोष

672. किस क्रांतिकारी ने हॉलैंड से 'द तलवार' समाचार-पत्र प्रकाशित किया था?
(क) लाला हरदयाल (ख) मैडम ऑल्काट
(ग) रहमत अली (घ) मदाम भीकाजी कामा

673. 'माई एक्सपेरिमेंट्स विद ट्रुथ' के रचयिता कौन थे?
(क) दादाभाई नौरोजी (ख) बाल गंगाधर तिलक
(ग) महात्मा गांधी (घ) विना. दामो. सावरकर

674. 'गिफ्ट टू मोनोथिस्ट्स' इनमें से किसने लिखा?
(क) सुभाषचंद्र बोस (ख) राजा राममोहन राय
(ग) आर.सी. दत्त (घ) महात्मा गांधी

उत्तर के लिए कृपया पृष्ठ सं. 151-152 देखें।

675. 'स्वदेशमितराँ' के संपादक कौन थे?
(क) बिपिनचंद्र पाल (ख) गोपाल कृष्ण गोखले
(ग) अरविंद घोष (घ) जी. सुब्रह्मण्यम अय्यर

676. सन् 1926 में 'कृति' पत्र के संस्थापक कौन थे?
(क) संतोष सिंह (ख) एम.एन. रॉय
(ग) एस.के. घोष (घ) देवेंद्रनाथ टैगोर

677. 'मिरात-उल-अकबार' (फारसी की पहली पत्रिका) के संस्थापक कौन थे?
(क) बिपिनचंद्र पाल (ख) राजा राममोहन राय
(ग) चित्तरंजन दास (घ) अरविंद घोष

678. 'पंजाबी' पत्रिका के संस्थापक कौन थे?
(क) लाला लाजपत राय (ख) लाला हरदयाल
(ग) सुखदेव (घ) भगतसिंह

679. 'ट्रिब्यून' पत्रिका के संस्थापक कौन थे?
(क) देवेंद्रनाथ टैगोर (ख) दयालसिंह मजीठिया
(ग) संतोष सिंह (घ) जी.एस. अय्यर

680. 'ट्रिब्यून' पत्रिका किस वर्ष प्रकाशित हुई थी?
(क) सन् 1880 (ख) सन् 1881
(ग) सन् 1882 (घ) सन् 1883

681. सन् 1889 में प्रकाशित होनेवाला भारतीय राष्ट्रीय कांग्रेस का पहला साप्ताहिक पत्र कौन सा था?
(क) वॉइस ऑफ इंडिया (ख) इंडियन ओपिनियन
(ग) यंग इंडिया (घ) इंडिया

682. 'अमृत बाजार पत्रिका' की संस्थापना किस वर्ष हुई थी?
(क) सन् 1866 (ख) सन् 1867
(ग) सन् 1868 (घ) सन् 1822

683. 'सुधारक' पत्रिका के संस्थापक इनमें से कौन थे?
(क) दयाल सिंह मजीठा (ख) जी.जी. अगरकर
(ग) एम.एन. रॉय (घ) महात्मा गांधी

684. 'इंडियन सोशियोलॉजिस्ट' पत्र के संस्थापक कौन थे?

उत्तर के लिए कृपया पृष्ठ सं. 152 देखें।

(क) जी.जी. अगरकर (ख) बाल गंगाधर तिलक
(ग) महात्मा गांधी (घ) श्यामजी कृष्ण वर्मा

685. 'इंडियन ग्लेडस्टोन' इनमें से किसे कहा जाता है?
(क) गोपाल कृष्ण गोखले (ख) बाल गंगाधर तिलक
(ग) लाला लाजपत राय (घ) दादाभाई नौरोजी

686. 'मराठा' (अंग्रेजी) तथा 'केसरी' (मराठी) नामक दो समाचार-पत्र इनमें से कौन प्रकाशित करते थे?
(क) बाल गंगाधर तिलक (ख) गोपाल कृष्ण गोखले
(ग) महात्मा गांधी (घ) एम.जी. रानाडे

687. 'वंदे मातरम्' पत्रिका के संस्थापक कौन थे?
(क) महात्मा गांधी (ख) बंकिमचंद्र चटर्जी
(ग) लाला लाजपत राय (घ) रवींद्रनाथ टैगोर

688. 'हिंदुस्तान' पत्रिका का संपादन इनमें से किसने किया?
(क) सरोजिनी नायडू (ख) मदन मोहन मालवीय
(ग) अब्दुल गफ्फार खान (घ) महात्मा गांधी

689. 'इंडियन यूनियन' पत्रिका का संपादन किसने किया?
(क) बंकिमचंद्र चटर्जी (ख) रवींद्रनाथ टैगोर
(ग) मदन मोहन मालवीय (घ) सरोजिनी नायडू

690. 'अभ्युदय' पत्रिका के संपादक कौन थे?
(क) मदन मोहन मालवीय (ख) महात्मा गांधी
(ग) एम.जी. रानाडे (घ) बाल गंगाधर तिलक

691. 'भारतीय राष्ट्रवाद का पितामह' किनको कहा जाता है?
(क) दादाभाई नौरोजी (ख) एम.जी. रानाडे
(ग) बाल गंगाधर तिलक (घ) राजनारायण बोस

692. इनमें से किसे 'भारत-कोकिला' कहा जाता है?
(क) अरुणा आसफ अली (ख) सरोजिनी नायडू
(ग) मदाम भीकाजी कामा (घ) कस्तूरबा गांधी

693. बाल गंगाधर तिलक ने किस अंग्रेजी समाचार-पत्र का संपादन किया था?
(क) केसरी (ख) यंग इंडिया
(ग) मराठा (घ) द ट्रिब्यून

उत्तर के लिए कृपया पृष्ठ सं. 152 देखें।

694. इनमें से 'विश्व भारती' के संस्थापक कौन थे?

(क) लाला हरदयाल (ख) भगतसिंह

(ग) विना.दामो. सावरकर (घ) रवींद्रनाथ टैगोर

695. सन् 1927 में 'क्रांति' पत्रिका की संस्थापना किसने की थी?

(क) मिराजकर (ख) बिपिनचंद्र पाल

(ग) एम.एन. राय (घ) लाला लाजपत राय

696. 'डिवाइन लाइफ' के लेखक इनमें से कौन हैं?

(क) अरविंद घोष (ख) स्वामी शिवानंद

(ग) स्वामी विवेकानंद (घ) डॉ. राधाकृष्णन

697. यह किसने कहा था—"तुम मुझे खून दो, मैं तुम्हें आजादी दूँगा"?

(क) भगतसिंह (ख) चंद्रशेखर आजाद

(ग) सुभाषचंद्र बोस (घ) विनायक दामोदर सावरकर

698. "जाग्रत् होओ, उठो, तब तक मत रुको जब तक कि लक्ष्य की प्राप्ति न हो जाए!"—यह कथन किसका है?

(क) राजा राममोहन राय (ख) बाल गंगाधर तिलक

(ग) स्वामी विवेकानंद (घ) स्वामी दयानंद सरस्वती

699. 'गोल्डेन थ्रेशोल्ड' किसके द्वारा लिखा गया था?

(क) जवाहरलाल नेहरू (ख) सरोजिनी नायडू

(ग) महात्मा गांधी (घ) राजेंद्र प्रसाद

700. 'डिस्कवरी ऑफ इंडिया' क्या है?

(क) महात्मा गांधी की जीवनी

(ख) जवाहरलाल नेहरू की आत्मकथा

(ग) जवाहरलाल नेहरू की जीवनी

(घ) जवाहरलाल नेहरू द्वारा लिखित इतिहास की पुस्तक

□

उत्तर के लिए कृपया पृष्ठ सं. 152 देखें।

10

विविध

701. स्कूली शिक्षा पर हंटर कमीशन किस वर्ष लाया गया था?
(क) सन् 1880 (ख) सन् 1882
(ग) सन् 1886 (घ) सन् 1893

702. जलियाँवाला बाग हत्याकांड किस घटना के समय हुआ?
(क) बंगाल के बँटवारे के समय (ख) साइमन कमीशन के समय
(ग) रोलेट ऐक्ट के पारित होने पर (घ) मिंटो-मार्ले सुधार के समय

703. गवर्नमेंट ऑफ इंडिया ऐक्ट, 1935 के अंतर्गत भारत को कितने प्रांतों में बाँटा गया था?
(क) 9 (ख) 11
(ग) 13 (घ) 15

704. 'हिंदुस्तान रिपब्लिकन एसोसिएशन' की स्थापना किस वर्ष की गई?
(क) सन् 1920 (ख) सन् 1922
(ग) सन् 1924 (घ) सन् 1927

705. राष्ट्रीय ध्वज फहरानेवाला पहला भारतीय कौन था?
(क) सरदार पटेल (ख) महात्मा गांधी
(ग) एनी बेसेंट (घ) मदाम भीकाजी कामा

706. 'भारत छोड़ो प्रस्ताव' की रूपरेखा इनमें से किसने तैयार की?
(क) महात्मा गांधी (ख) जवाहरलाल नेहरू
(ग) सुभाषचंद्र बोस (घ) मोतीलाल नेहरू

उत्तर के लिए कृपया पृष्ठ सं. 152 देखें।

707. संविधान–सुधार के प्रस्ताव पर नेहरू रिपोर्ट को मोतीलाल नेहरू ने किस वर्ष प्रस्तुत किया था ?

(क) सन् 1920 (ख) सन् 1925
(ग) सन् 1927 (घ) सन् 1928

708. लंदन में दूसरा गोलमेज सम्मेलन कब आयोजित किया गया था ?

(क) मार्च–अप्रैल, 1931 (ख) मई–जून, 1931
(ग) जून–जुलाई, 1931 (घ) सितंबर–दिसंबर, 1931

709. पहला गोलमेज सम्मेलन इनमें से कहाँ पर हुआ था ?

(क) लंदन (ख) एडिनबर्ग
(ग) डबलिन (घ) कलकत्ता

710. लॉर्ड लिनलिथगो किसके बाद भारत के गवर्नर जनरल बने थे ?

(क) लॉर्ड वैवेल (ख) लॉर्ड इरविन
(ग) लॉर्ड विलियम बेंटिक (घ) लॉर्ड डफरिन

711. 'ईस्ट इंडिया कंपनी का अकबर' किस ब्रिटिश जनरल को कहा जाता था ?

(क) लॉर्ड वारेन हेस्टिंग्स (ख) लॉर्ड क्लाइव
(ग) लॉर्ड विलियम बेंटिक (घ) लॉर्ड कॉर्नवालिस

712. कांग्रेस सोशलिस्ट पार्टी की स्थापना किसके द्वारा की गई ?

(क) जयप्रकाश नारायण (ख) भगतसिंह
(ग) बिनोवा भावे (घ) विनायक दामोदर सावरकर

713. 'खुदाई खिदमतगार' (दीनों के भगवान्) के संस्थापक कौन थे ?

(क) महात्मा गांधी (ख) आचार्य नरेंद्र देव
(ग) मोतीलाल नेहरू (घ) खान अब्दुल गफ्फार खान

714. पंजाब में जलियाँवाला बाग हत्याकांड कब घटित हुआ था ?

(क) 13 मार्च, 1919 (ख) 3 अप्रैल, 1919
(ग) 13 अप्रैल, 1919 (घ) 3 मार्च, 1919

715. भारतीय प्रेस चार्ल्स मैटकॉफ द्वारा लगाए गए प्रतिबंधों से कब मुक्त हुआ ?

(क) सन् 1840 (ख) सन् 1838
(ग) सन् 1835 (घ) सन् 1857

उत्तर के लिए कृपया पृष्ठ सं. 152 देखें।

716. बारदोली सत्याग्रह की शुरुआत इनमें से किसने की?
(क) महात्मा गांधी (ख) सरदार वल्लभभाई पटेल
(ग) बाल गंगाधर तिलक (घ) विनोबा भावे

717. मुसलिम लीग ने पाकिस्तान के रूप में एक अलग देश की माँग कब की?
(क) सन् 1930 (ख) सन् 1944
(ग) सन् 1940 (घ) सन् 1945

718. इनमें से कौन प्रसिद्ध कवि होने के साथ-साथ एक अच्छे चित्रकार भी थे?
(क) मो. इकबाल (ख) बंकिमचंद्र चटर्जी
(ग) चित्तरंजन दास (घ) रवींद्रनाथ टैगोर

719. इनमें से किसने सन् 1825 में वेदांत कॉलेज की स्थापना की?
(क) स्वामी दयानंद सरस्वती (ख) राजा राममोहन राय
(ग) एम.जी. रानाडे (घ) स्वामी विवेकानंद

720. इंडियन यूनिवर्सिटी ऐक्ट कब पास हुआ था?
(क) सन् 1905 (ख) सन् 1904
(ग) सन् 1903 (घ) सन् 1902

721. बाल गंगाधर तिलक ने 'नो-टैक्स' का आंदोलन कब चलाया?
(क) सन् 1890 (ख) सन् 1892
(ग) सन् 1896 (घ) सन् 1899

722. पंजाब हिंदू सभा की स्थापना किस वर्ष की गई थी?
(क) वर्ष 1905 (ख) वर्ष 1907
(ग) वर्ष 1909 (घ) वर्ष 1911

723. एनी बेसेंट के अलावा होमरूल लीग के नेता इनमें से और कौन थे?
(क) एस. सुब्रह्मण्य अय्यर (ख) गोपाल कृष्ण गोखले
(ग) सी.आर. दत्त (घ) उपर्युक्त में से कोई नहीं

724. 'स्वराज पार्टी' के संस्थापकों में चित्तरंजन दास के साथ-साथ और कौन थे?
(क) जवाहरलाल नेहरू (ख) बाल गंगाधर तिलक
(ग) मोतीलाल नेहरू (घ) सरदार भगतसिंह

725. किस वर्ष देवेंद्रनाथ टैगोर द्वारा ब्राह्मसमाज में नई स्फूर्ति लाई गई?
(क) वर्ष 1840 (ख) वर्ष 1857
(ग) वर्ष 1843 (घ) वर्ष 1866

उत्तर के लिए कृपया पृष्ठ सं. 152 देखें।

726. दादाभाई नौरोजी भारतीय राष्ट्रीय कांग्रेस के कुल कितनी बार अध्यक्ष चुने गए?

(क) दो (ख) तीन

(ग) चार (घ) छह

727. इनमें से किसने राजनीति छोड़कर पांडिचेरी में आश्रम की स्थापना की थी?

(क) बाल गंगाधर तिलक (ख) अरविंद घोष

(ग) बिपिनचंद्र पाल (घ) भीकाजी कामा

728. किस वायसराय के कार्यकाल के दौरान ऐतिहासिक धरोहरों की देख-रेख के लिए अधिनियम पारित हुआ?

(क) लॉर्ड एल्जिन (ख) लॉर्ड मिंटो

(ग) लॉर्ड कर्जन (घ) लॉर्ड इरविन

729. 'डॉक्ट्रिन ऑफ लैप्स' नीति को किसने शुरू किया?

(क) लॉर्ड कर्जन (ख) लॉर्ड विलियम बेंटिक

(ग) लॉर्ड डलहौजी (घ) लॉर्ड कैनिंग

730. सन् 1793 में लॉर्ड कॉर्नवालिस ने सबसे पहले स्थायी बंदोबस्त कहाँ-कहाँ लागू किया?

(क) उड़ीसा और बिहार (ख) बिहार और बंगाल

(ग) उत्तर प्रदेश और बिहार (घ) बंबई और मद्रास प्रेसीडेंसी

731. मध्य भारत और अवध में ब्रिटिशों ने लागू किया—

(क) अस्थायी जमींदारी बंदोबस्त (ख) स्थायी समझौता

(ग) महालवारी बंदोबस्त (घ) सीधे राजस्व प्राप्तिवाली कृषि

732. इनमें से किस अंग्रेज ने सिविल जज और कलेक्टर के पद को अलग-अलग बनाए रखा?

(क) लॉर्ड कॉर्नवालिस (ख) लॉर्ड इरविन

(ग) लॉर्ड एल्जिन (घ) लॉर्ड डलहौजी

733. इनमें से किसके कार्यकाल में भारत में रेल-सेवा शुरू हुई?

(क) लॉर्ड रिपन (ख) लॉर्ड इरविन

(ग) लॉर्ड एल्जिन (घ) लॉर्ड डलहौजी

उत्तर के लिए कृपया पृष्ठ सं. 152 देखें।

734. सन् 1892 में मद्रास हिंदू समाज सुधार संघ के संस्थापक कौन थे?
(क) विरसालिंगम पंतुलु (ख) एनी बेसेंट
(ग) शिवदयाल साहेब (घ) मोहम्मद अली

735. सन् 1890 में 'भारत धर्म महामंडल' के संस्थापक कौन थे?
(क) कल्पि (ख) गिरीशचंद्र घोषाल
(ग) एच.सी. मुखर्जी (घ) दीनदयाल शर्मा

736. भारत में अंग्रेजी भाषा को उच्च शिक्षा के माध्यम के रूप में किसने स्वीकार किया?
(क) लॉर्ड विलियम बेंटिक (ख) लॉर्ड इरविन
(ग) लॉर्ड हार्डिंग (घ) लॉर्ड कर्जन

737. भारतीय राष्ट्रीय कांग्रेस ने 'डोमिनियन स्टेट' के विषय में सरकार से कब पूछा?
(क) सन् 1908 (ख) सन् 1929
(ग) सन् 1942 (घ) सन् 1947

738. पंजाब में किरती और कम्युनिस्ट आंदोलन के संस्थापक कौन थे?
(क) एच.एस.आर.ए. (ख) गदरवादी
(ग) उग्रवादी (घ) महाराष्ट्र के क्रांतिकारी

739. 16 अक्तूबर, 1905—बंगाल के बँटवारे के दिन—को रवींद्रनाथ टैगोर द्वारा क्या कहा गया?
(क) ब्लैक डे (ख) राखी बंधन दिवस
(ग) नॉन-कोऑपरेशन डे (घ) डायरेक्ट डे

740. किसान सभा आंदोलन के जनक इनमें से कौन थे?
(क) एम.जी. रानाडे (ख) बाल गंगाधर तिलक
(ग) स्वामी विवेकानंद (घ) स्वामी सहजानंद सरस्वती

741. "मैं जानता हूँ कि मेरा देश मेरी माँ है। मैं उसकी पूजा करता हूँ, मैं उसको नमन करता हूँ।" यह किसने कहा?
(क) स्वामी विवेकानंद (ख) ईश्वरचंद्र विद्यासागर
(ग) भगतसिंह (घ) अरविंद घोष

742. 'पुराना स्वराज दिवस' सर्वप्रथम कब मनाया गया?
(क) 20 जनवरी, 1930 (ख) 23 मार्च, 1947
(ग) 2 मार्च, 1946 (घ) 26 जनवरी, 1930

उत्तर के लिए कृपया पृष्ठ सं. 152-153 देखें।

743. भारत के प्रथम गवर्नर जनरल किस वर्ष नियुक्त किए गए थे?

(क) वर्ष 1774 (ख) वर्ष 1833

(ग) वर्ष 1858 (घ) वर्ष 1911

744. निम्न में से किस नेता ने सभी गोलमेज सम्मेलनों में भाग लिया?

(क) जवाहरलाल नेहरू (ख) महात्मा गांधी

(ग) भीमराव अंबेडकर (घ) मदन मोहन मालवीय

745. भारतीय संप्रदायों के मार्गदर्शक इनमें से कौन थे?

(क) एम.एन. राय (ख) ज्योति बा फुले

(ग) बाल गंगाधर तिलक (घ) एम.जी. रानाडे

746. रानी लक्ष्मीबाई अंग्रेजों के साथ किस युद्ध के दौरान शहीद हुईं?

(क) कानपुर (ख) ग्वालियर

(ग) झाँसी (घ) कालपी

747. सन् 1857 में हुई क्रांति के दौरान भारतीय असंतुष्टों का ब्रिटिश इंडियन आर्मी में यूरोपियनों की तुलना में क्या अनुपात था?

(क) 7 : 2 (ख) 6 : 1

(ग) 5 : 3 (घ) 5 : 1

748. 'फेडरेशन ऑफ इंडियन चैंबर्स ऑफ कॉमर्स ऐंड इंडस्ट्री (FICCI) की स्थापना कब की गई?

(क) सन् 1920 (ख) सन् 1932

(ग) सन् 1927 (घ) सन् 1952

749. मुसलिम लीग का प्रथम वार्षिक सम्मेलन किस शहर में हुआ था?

(क) पटना (ख) पूना

(ग) कराची (घ) बंबई

750. सुभाषचंद्र बोस ने 'फारवर्ड ब्लॉक' की स्थापना किस वर्ष की थी?

(क) सन् 1942 (ख) सन् 1940

(ग) सन् 1939 (घ) सन् 1943

751. पहले भारतीय कौन थे, जिन्हें बिहार के उपराज्यपाल के रूप में चुना गया?

(क) जवाहरलाल नेहरू (ख) सुचेता कृपलानी

(ग) डी.के. कर्व (घ) एस.पी. सिन्हा

उत्तर के लिए कृपया पृष्ठ सं. 153 देखें।

752. यह किसने कहा—"मुसलमान मूर्ख थे, जिन्होंने अपनी सुरक्षा के लिए कहा और हिंदू उनसे भी बड़े मूर्ख थे, जिन्होंने मिल रही सुरक्षा को ठुकरा दिया?"

(क) सैयद अहमद खाँ (ख) मोहम्मद अली
(ग) मोहम्मद अली जिन्ना (घ) सुभाषचंद्र बोस

753. यह किसने कहा—"यह सुनियोजित अराजकता समाप्त की जाए। यदि ऐसा करने में कानून व्यवस्था भी पूरी तरह से चरमरा जाती है तो मैं यह जोखिम उठाने के लिए तैयार हूँ?"

(क) सी. राजगोपालाचारी (ख) महात्मा गांधी
(ग) चित्तरंजन दास (घ) एम.जी. रानाडे

754. किसने कहा—"कांग्रेस आंदोलन न तो लोगों से प्रभावित है और न ही उनकी कोई सोच या योजना है?"

(क) राजगोपालाचारी (ख) चित्तरंजन दास
(ग) बालगंगाधर तिलक (घ) लाला लाजपत राय

755. इनमें से कौन सा स्वयंसेवी दल या समिति बंगाल के स्वदेशी आंदोलन में सक्रिय रही?

(क) अनुशीलन समिति (ख) ब्राह्मणों के विरोध में आंदोलन
(ग) युगांतर समिति (घ) स्वदेशी आंदोलन

756. सन् 1865 में कलकत्ता, मद्रास और बंबई उच्च न्यायालयों की स्थापना किसके द्वारा की गई?

(क) लॉर्ड एल्जिन (ख) लॉर्ड जॉन लॉरेंस
(ग) लॉर्ड कैनिंग (घ) लॉर्ड विलियम बेंटिक

757. लॉर्ड डलहौजी द्वारा विधवा पुनर्विवाह ऐक्ट किस वर्ष लागू किया गया?

(क) सन् 1856 (ख) सन् 1855
(ग) सन् 1872 (घ) सन् 1875

758. नेताजी सुभाषचंद्र बोस ने स्वतंत्र भारत (आजाद हिंद) के लिए अंतरिम सरकार बनाए जाने की घोषणा कहाँ पर की थी?

(क) रंगून (ख) टोकियो
(ग) सिंगापुर (घ) वियना

759. गोपाल कृष्ण गोखले के गुरु इनमें से कौन थे?

उत्तर के लिए कृपया पृष्ठ सं. 153 देखें।

(क) एम.जी. रानाडे (ख) ए.ओ. ह्यूम
(ग) स्वामी विवेकानंद (घ) ज्योति बा फुले

760. 'डक्कन एजुकेशन सोसाइटी' के संस्थापक इनमें से कौन थे?
(क) एम.जी. रानाडे (ख) गोपाल कृष्ण गोखले
(ग) ज्योति बा फुले (घ) गोपाल गणेश अगरकर

761. थियोसोफिकल सोसाइटी का मुख्यालय कब और कहाँ स्थापित किया गया था?
(क) 1882–आडयार (ख) 1884–पूना
(ग) 1886–बंबई (घ) 1896–वेल्लोर

762. कलकत्ता, मद्रास और बंगाल यूनिवर्सिटी की स्थापना किस वर्ष की गई?
(क) सन् 1864 (ख) सन् 1867
(ग) सन् 1857 (घ) सन् 1862

763. इनमें से किसको—भारत में उसके द्वारा किए गए कार्य के लिए इंग्लैंड में—दोषी ठहराया गया?
(क) लॉर्ड वैवेल (ख) वारेन हेस्टिंग्स
(ग) लॉर्ड रिपन (घ) लॉर्ड कॉर्नवालिस

764. सितंबर 1946 में भारतीय राष्ट्रीय कांग्रेस द्वारा बनाई गई अंतरिम सरकार के मुखिया कौन थे?
(क) जवाहरलाल नेहरू (ख) राजेंद्र प्रसाद
(ग) महात्मा गांधी (घ) सी. राजगोपालाचारी

765. साइमन कमीशन भारत में कब आया था?
(क) सन् 1925 (ख) सन् 1929
(ग) सन् 1928 (घ) सन् 1942

766. भारत में बजट पद्धति किस वायसराय के कार्यकाल के दौरान शुरू की गई?
(क) लॉर्ड डलहौजी (ख) लॉर्ड कैनिंग
(ग) लॉर्ड एल्जिन (घ) लॉर्ड रिपन

767. 'अखिल भारतीय किसान दिवस' कब मनाया जाता है?
(क) 1 सितंबर (ख) 1 अप्रैल
(ग) 1 मार्च (घ) 1 जून

768. भारतीय राष्ट्रीय कांग्रेस के सबसे कम उम्र के युवा अध्यक्ष कौन चुने गए थे?

उत्तर के लिए कृपया पृष्ठ सं. 153 देखें।

(क) सुभाषचंद्र बोस (ख) जवाहरलाल नेहरू
(ग) अबुल कलाम आजाद (घ) महात्मा गांधी

769. ''आपको अपने भारतीय होने पर गर्व होना चाहिए, गर्व के साथ कहना चाहिए कि मैं भारतीय हूँ, प्रत्येक भारतीय मेरा है।'' यह कथन किसने कहा था?
(क) जवाहरलाल नेहरू (ख) स्वामी विवेकानंद
(ग) लाला लाजपत राय (घ) महात्मा गांधी

770. कलकत्ता के फोर्ट विलियम कॉलेज, जिसमें नवयुवक प्रशासनिक अधिकारियों को प्रशिक्षित किया जाता था, के संस्थापक कौन थे?
(क) लॉर्ड रिपन (ख) लॉर्ड इरविन
(ग) लॉर्ड वेलेजली (घ) लॉर्ड मेयो

771. 1857 की क्रांति के समय ब्रिटेन के शासक इनमें से कौन थे?
(क) हेनरी पंचम (ख) एलिजाबेथ प्रथम
(ग) रानी विक्टोरिया (घ) जॉर्ज प्रथम

772. 1857 की क्रांति के समय अत्यधिक क्रूर ब्रिटिश अधिकारी इनमें से कौन था?
(क) एटली (ख) नील
(ग) वैडरबर्न (घ) स्टेनले

773. बहादुरशाह जफर के तीनों पुत्रों को दिल्ली में फाँसी की सजा किसने दी थी?
(क) मेजर हडसन (ख) मेजर जॉनसन
(ग) रैमसे (घ) उपर्युक्त सभी

774. रणनीति-कुशल प्रसिद्ध क्रांतिकारी तात्या टोपे को फाँसी कब दी गई थी?
(क) सन् 1858 (ख) सन् 1859
(ग) सन् 1857 (घ) सन् 1860

775. 1857 की क्रांति के समय रानी लक्ष्मीबाई की उम्र कितनी थी?
(क) 21 वर्ष (ख) 30 वर्ष
(ग) 23 वर्ष (घ) 32 वर्ष

776. 1857 की क्रांति के समय दिल्ली का शासक कौन था?
(क) तात्या टोपे (ख) बाजी राव द्वितीय
(ग) शाह आलम द्वितीय (घ) बहादुरशाह जफर

उत्तर के लिए कृपया पृष्ठ सं. 153 देखें।

777. मुगल साम्राज्य के अंतिम शासक बहादुरशाह जफर की मृत्यु कब हुई?

(क) सन् 1860 (ख) सन् 1862

(ग) सन् 1864 (घ) सन् 1856

778. सन् 1925 में केंद्रीय विधानसभा के अध्यक्ष कौन चुने गए थे?

(क) आर.सी. दत्त (ख) विट्ठलभाई पटेल

(ग) सुभाषचंद्र बोस (घ) जवाहरलाल नेहरू

779. अंग्रेज और डच, दोनों भारत में सर्वप्रथम किस स्थान पर आए थे?

(क) बंबई (ख) कालीकट

(ग) कलकत्ता (घ) मछलीपत्तनम

780. सामाजिक-धार्मिक सुधारों के लिए सबसे अधिक संघर्ष किसने किया और परंपरागत रीति-रिवाजों का समर्थन भी किया?

(क) राजा राममोहन राय (ख) राधाकांत देव

(ग) स्वामी विवेकानंद (घ) स्वामी दयानंद सरस्वती

781. इनमें से किसके द्वारा लोक सेवा आयोग को केंद्र और प्रांत दोनों जगह पर स्थापित किया गया?

(क) वुंड डिस्पैच

(ख) गवर्नमेंट ऑफ इंडिया ऐक्ट-1935

(ग) इंडिया काउंसिल ऐक्ट-1861

(घ) अल्बर्ट बिल

782. इनमें से कौन 'फादर ऑफ मॉडर्न बेंगाली प्रोज' के रूप में जाने जाते हैं?

(क) राजा राममोहन राय (ख) पी.सी. दत्त

(ग) रवींद्रनाथ टैगोर (घ) ईश्वरचंद्र विद्यासागर

783. महाराष्ट्र में किसके द्वारा ब्राह्मण-विरोधी और जाति-विरोधी आंदोलन शुरू हुआ?

(क) एम.जी. रानाडे (ख) बाल गंगाधर तिलक

(ग) गोपाल कृष्ण गोखले (घ) ज्योति बा फुले

784. इनमें से किसने स्त्री-शिक्षा पर अधिक बल दिया और महाराष्ट्र में विधवाओं की स्थिति में सुधार किया?

(क) एम.जी. रानाडे (ख) धंदू केशव कर्वे

(ग) गोपाल कृष्ण गोखले (घ) गोपाल हरि देशमुख

उत्तर के लिए कृपया पृष्ठ सं. 153 देखें।

785. भारतीय राष्ट्रीय कांग्रेस ने अपने मौलिक अधिकारों और आर्थिक स्थिति में बदलाव के लिए कौन सा प्रस्ताव पारित किया?

(क) पूना अधिवेशन (ख) इलाहाबाद अधिवेशन

(ग) कराची अधिवेशन (घ) लखनऊ अधिवेशन

786. कांग्रेस का पहला ध्वज (जो कि हरा और लाल रंग का था) किसके द्वारा तैयार किया गया था?

(क) रासबिहारी बोस (ख) बिपिनचंद्र पाल

(ग) एनी बेसेंट (घ) महात्मा गांधी

787. ब्रिटिश सम्राट् जॉर्ज पंचम किस वायसराय के कार्यकाल में भारत के दौरे पर आए थे?

(क) लॉर्ड कर्जन (ख) लॉर्ड रीडिंग

(ग) लॉर्ड रिपन (घ) लॉर्ड हार्डिंग

788. सन् 1872 में साल्बई संधि किसके शासनकाल में हुई थी?

(क) पेशवा (ख) टीपू सुल्तान

(ग) वॉरेन हेस्टिंग्स (घ) हैदर अली

789. कलकत्ता अधिवेशन के दौरान दादाभाई नौरोजी ने किस वर्ष घोषणा की कि स्वराज्य भारतीय राष्ट्रीय कांग्रेस का मुख्य उद्देश्य है?

(क) सन् 1896 (ख) सन् 1901

(ग) सन् 1905 (घ) सन् 1906

790. इनमें से किसने 1857 की क्रांति को 'षड्यंत्र' का नाम दिया था?

(क) टी.आर. हेल्म्स (ख) सर लॉरेंस

(ग) सर जॉन काए (घ) जी.बी. मालेसन

791. राष्ट्रगान 'जन-गण-मन' रवींद्रनाथ टैगोर द्वारा लिखा गया, जनवरी 1912 में पहली बार यह किस शीर्षक से प्रकाशित हुआ?

(क) राष्ट्र जागृति (ख) तत्त्वबोधिनी

(ग) भारत विधाता (घ) उपर्युक्त में कोई नहीं

792. किस वर्ष गवर्नर जनरल की उपाधि को बदलकर 'वायसराय' कर दिया गया था?

(क) वर्ष 1858 (ख) वर्ष 1885

(ग) वर्ष 1905 (घ) वर्ष 1917 ☐

उत्तर के लिए कृपया पृष्ठ सं. 153 देखें।

11

भारतीय क्रांतिकारी आंदोलन

793. जलियाँवाला बाग हत्याकांड में हजारों निर्दोषों को मौत के घाट उतरवानेवाले माइकल ओ डायर का वध किस वीर क्रांतिकारी ने किया था?
(क) भगतसिंह (ख) ऊधमसिंह
(ग) वीर सावरकर (घ) मदनलाल ढींगरा

794. इनमें से किस वीर क्रांतिकारी को अंग्रेज सरकार ने दो जन्मों के कारावास का दंड दिया था?
(क) चंद्रशेखर आजाद (ख) सुभाषचंद्र बोस
(ग) वीर सावरकर (घ) राजगुरु

795. रावी नदी के तट पर कौन महान् क्रांतिकारी बम का परीक्षण करते समय शहीद हो गए थे?
(क) भगवतीचरण वोहरा (ख) सुखदेव
(ग) बटुकेश्वर दत्त (घ) पृथ्वीसिंह आजाद

796. 'हिंदुस्तान समाजवादी प्रजातंत्र संघ' के कमांडर-इन-चीफ कौन महान् क्रांतिकारी थे?
(क) सुभाषचंद्र बोस (ख) रासबिहारी बोस
(ग) वीर सावरकर (घ) चंद्रशेखर आजाद

797. वह कौन वीर क्रांतिकारी था, जिसका निशाना कभी नहीं चूकता था?
(क) भगतसिंह (ख) राजगुरु
(ग) चंद्रशेखर आजाद (घ) सुखदेव

उत्तर के लिए कृपया पृष्ठ सं. 153 देखें।

798. इनमें कौन वीर स्वातंत्र्य सेनानी बिहार के पर्वतीय प्रदेश में स्थित संथाल विद्रोहियों का नायक था?

(क) दशरथ माँझी (ख) तिलका माँझी

(ग) कुँअर सिंह (घ) तात्या टोपे

799. वह कौन महान् स्वातंत्र्य सेनानी था, जिसने अंग्रेजी सेना से युद्ध करते समय एक हाथ में गोली लग जाने पर उसे स्वयं दूसरे हाथ से काटकर गंगा में प्रवाहित कर दिया था?

(क) नाना साहब (ख) तात्या टोपे

(ग) मंगल पांडे (घ) कुँअर सिंह

800. प्रसिद्ध स्वातंत्र्य सेनानी रानी चेन्नम्मा कहाँ की रानी थीं?

(क) कित्तूर (ख) झाँसी

(ग) अवध (घ) इंदौर

801. दुर्गा भाभी इनमें से किस क्रांतिकारी की पत्नी थीं?

(क) रामप्रसाद बिस्मिल (ख) राजेंद्रनाथ लाहिड़ी

(ग) रोशन सिंह (घ) भगवतीचरण वोहरा

802. वीर तात्या टोपे को फाँसी कब हुई थी?

(क) 26 जनवरी, 1856 (ख) 15 अगस्त, 1859

(ग) 18 अप्रैल, 1859 (घ) 20 अक्तूबर, 1861

803. वीर मंगल पांडे को फाँसी कब हुई थी?

(क) 15 मई, 1857 (ख) 08 अप्रैल, 1857

(ग) 22 जून, 1857 (घ) 18 अप्रैल, 1857

804. क्रांति-यज्ञ का वह कौन महान् पुरोधा था, जिसके गुप्तचर साधु-संन्यासियों, फकीरों, नट-नटनियों, मदारियों, ज्योतिषियों एवं बहुरुपियों के वेश में 1857 की क्रांति की अलख जगाई थी?

(क) नाना साहब पेशवा (ख) कुँअर सिंह

(ग) बहादुरशाह जफर (घ) तात्या टोपे

805. इनमें कौन अंग्रेज सिपाही था, जिसने 1857 के संग्राम में अंग्रेजों का साथ देने की बजाय भारतीय सेनानियों का साथ दिया था?

(क) फिटजेरॉल्ड (ख) रिचर्ड विलियम्स

(ग) आउट्रम (घ) हडसन

उत्तर के लिए कृपया पृष्ठ सं. 153-154 देखें।

806. वह कौन महान् क्रांतिकारी था, जिसने अंग्रेज पुलिस से मुकाबला करते हुए अंतिम गोली बचने पर स्वयं को वह गोली मारकर शहीद कर लिया था?

(क) रामप्रसाद विस्मिल (ख) अशफाक उल्ला खाँ

(ग) चंद्रशेखर आजाद (घ) राजेंद्रनाथ लाहिड़ी

807. सुप्रसिद्ध एल्फ्रेड पार्क किस शहर में स्थित है?

(क) अमृतसर (ख) लाहौर

(ग) कानुपर (घ) इलाहाबाद

808. कालपी, बिठूर और कानपुर इनमें से किस स्वतंत्रता सेनानी से संबद्ध हैं?

(क) कुँअर सिंह (ख) नाना साहब पेशवा

(ग) जीनत महल (घ) बहादुरशाह जफर

809. वह कौन वीर क्रांतिकारी था जिसने ब्रिटिश पुलिस द्वारा बंदी बनाए जाने के बाद समुद्र मार्ग द्वारा इंग्लैंड से भारत लाए जाते समय समुद्र में छलाँग लगा दी थी?

(क) भाई परमानंद (ख) मदनलाल धींगरा

(ग) वीर सावरकर (घ) करतार सिंह सराबा

810. इनमें से किस वीर रानी का बचपन का नाम 'मनु' था?

(क) अहिल्याबाई (ख) चेन्नम्मा

(ग) गाइडिन्ल्यू (घ) लक्ष्मीबाई

811. महारानी लक्ष्मीबाई अंग्रेजों से युद्ध करती हुई कब वीरगति को प्राप्त हुई थीं?

(क) 15 जून, 1858 (ख) 12 जून, 1857

(ग) 18 जून, 1858 (घ) 20 जून, 1859

812. इनमें से किस देशद्रोही ने विश्वासघात कर वीर तात्या टोपे को अंग्रेजों द्वारा गिरफ्तार करवा दिया था?

(क) रामसिंह (ख) पानसिंह

(ग) थानसिंह (घ) मानसिंह

813. 1857 के स्वातंत्र्य समर के समय मुगल बादशाह कौन था?

(क) जहाँदार शाह (ख) शाह आलम

(ग) बहादुरशाह जफर (घ) मुहम्मद शाह

उत्तर के लिए कृपया पृष्ठ सं. 154 देखें।

814. अंग्रेजों की कैद में रहते हुए बहादुरशाह जफर का निधन कब हुआ था?
(क) 10 नवंबर, 1862 (ख) 07 नवंबर, 1862
(ग) 15 अक्तूबर, 1860 (घ) 18 जून, 1864

815. इनमें से कूका विद्रोह का जनक कौन था?
(क) गुरु रामसिंह (ख) संत वरयाम सिंह
(ग) विशन सिंह (घ) रणजीत सिंह

816. बहादुरशाह जफर के चारों शहजादों—मिर्जा मुगल, मिर्जा खिजर सुलतान, मिर्जा अबू बकर और मिर्जा अब्दुल्ला के सिर किस अंग्रेज सैन्य अधिकारी ने काटकर, थाल में रखवाकर बहादुरशाह जफर को भेंट किए थे?
(क) सर ह्यूरोज (ख) आउट्रम
(ग) ब्रिगेडियर डगलस (घ) मेजर हडसन

817. 1857 के स्वातंत्र्य समर के दौरान इनमें से किस सेठ ने मुगल बादशाह बहादुरशाह जफर को करोड़ों रुपए देकर उनकी सहायता की थी?
(क) सेठ हजारी लाल (ख) सेठ कन्हैयालाल
(ग) सेठ रामजीदास गुड़वाला (घ) सेठ गोविंददास

818. सुप्रसिद्ध स्वतंत्रता-सेनानी बेगम जीनत महल किसकी बेगम थीं?
(क) नवाब शुजाउद्दौला (ख) अजीमुल्ला खान
(ग) नवाबा वजीर खान (घ) बहादुरशाह जफर

819. अंग्रेजों की कैद में अदन की जेल में रहते हुए महान् क्रांतिकारी वासुदेव बलवंत फड़के कब शहीद हुए थे?
(क) 17 फरवरी, 1883 (ख) 15 जनवरी, 1883
(ग) 18 अप्रैल, 1883 (घ) 20 मई, 1883

820. ग़ाज़ियों में बू रहेगी जब तलक ईमान की।
तख़्ते लंदन तक चलेगी तेग़ हिंदोस्तान की॥—यह किस स्वतंत्रता-सेनानी ने कहा था?
(क) अशफाक उल्ला खाँ (ख) रामप्रसाद बिस्मिल
(ग) बहादुरशाह जफर (घ) अजीमुल्ला खान

821. भारतीय क्रांतिकारियों की सुविधा हेतु लंदन में 'इंडिया हाउस' का निर्माण किसने करवाया था?
(क) लाला हरदयाल (ख) श्यामजी कृष्ण वर्मा
(ग) राजा महेंद्र प्रताप (घ) वीर सावरकर

उत्तर के लिए कृपया पृष्ठ सं. 154 देखें।

822. लंदन में अंग्रेज कर्जन वायली का वध किसने किया था?
(क) मदनलाल धींगरा (ख) श्यामजी कृष्ण वर्मा
(ग) वीर सावरकर (घ) लाला हरदयाल

823. प्रसद्धि क्रांतिकारी श्यामजी कृष्ण वर्मा का जन्म कब हुआ था?
(क) 04 अक्तूबर, 1857 (ख) 10 जून, 1857
(ग) 18 मई, 1857 (घ) 12 सितंबर, 1857

824. 1857 की क्रांति का प्रमुख सूत्रधार इनमें कौन था?
(क) वीर सावरकर (ख) नाना साहब पेशवा
(ग) बहादुरशाह जफर (घ) रानी लक्ष्मीबाई

825. भारतीय क्रांति का आद्य प्रचारक इनमें से किसे कहा जाता है?
(क) लाला हरदयाल (ख) सुभाषचंद्र बोस
(ग) श्यामजी कृष्ण वर्मा (घ) रासबिहारी बोस

826. वीर सावरकर का संबंध इनमें से किस गाँव से है?
(क) लमही (ख) भगूर
(ग) चिरगाँव (घ) बेलापुर

827. इनमें से किस महान् क्रांतिकारी को अंग्रेजों द्वारा अंदमान की जेल में बंद कर उनसे दिन भर कोल्हू चलवाया जाता था?
(क) चंद्रशेखर आजाद (ख) भगतसिंह
(ग) वीर सावरकर (घ) शचींद्रनाथ सान्याल

828. महान् क्रांतिकारी मदनलाल धींगरा को ब्रिटिश सरकार ने लंदन की पैंटोनविले जेल में फाँसी पर कब लटका दिया था?
(क) 17 अगस्त, 1909 (ख) 15 अगस्त, 1908
(ग) 18 अक्तूबर, 1907 (घ) 10 अक्तूबर, 1910

829. मदाम भीकाजी कामा का जन्म कब हुआ था?
(क) 20 सितंबर, 1860 (ख) 24 सितंबर, 1861
(ग) 12 नवंबर, 1862 (घ) 17 अगस्त, 1863

830. वीर सावरकर का जन्म कब हुआ था?
(क) 28 मई, 1883 (ख) 15 अगस्त, 1869
(ग) 10 जून, 1882 (घ) 16 अक्तूबर, 1867

831. वीर सावरकर का महाप्रयाण कब हुआ था?

उत्तर के लिए कृपया पृष्ठ सं. 154 देखें।

(क) 10 सितंबर, 1962 (ख) 15 अगस्त, 1964
(ग) 26 फरवरी, 1966 (घ) 15 मई, 1965

832. क्रांतिवीर सरदार ऊधमसिंह को अंग्रेजों ने कब फाँसी पर लटका दिया था?
(क) 10 दिसंबर, 1939 (ख) 12 जून, 1940
(ग) 18 अगस्त, 1941 (घ) 16 मई, 1942

833. इनमें से किसे 'योगिराज' कहा जाता है?
(क) रासबिहारी बोस (ख) लाला हरदयाल
(ग) अरविंद घोष (घ) वासुदेव चाफेकर

834. 15 अगस्त, 1872 को जनमे अरविंद घोष का निधन कब हुआ था?
(क) 12 अगस्त, 1949 (ख) 05 दिसंबर, 1950
(ग) 10 अक्तूबर, 1951 (घ) 18 नवंबर, 1952

835. भारत में विस्फोटित होनेवाला पहला बम किस क्रांतिकारी के द्वारा फेंका गया था?
(क) खुदीराम बोस (ख) भगतसिंह
(ग) बटुकेश्वर दत्त (घ) प्रफुल्ल चाकी

836. खुदीराम बोस को अंग्रेजों द्वारा फाँसी पर कब लटकाया गया?
(क) 15 अगस्त, 1907 (ख) 11 अगस्त, 1908
(ग) 12 अगस्त, 1909 (घ) 14 अगस्त, 1910

837. निम्नलिखित में कौन क्रांतिकारी थे, जिन्होंने 'पंजाबी' नाम का अखबार निकाला था?
(क) भगतसिंह (ख) पृथ्वीसिंह आजाद
(ग) लाला हरदयाल (घ) रासबिहारी बोस

838. प्रसिद्ध क्रांतिकारी लाला हरदयाल का जन्म कब हुआ था?
(क) 12 अक्तूबर, 1883 (ख) 14 अक्तूबर, 1884
(ग) 16 अक्तूबर, 1885 (घ) 18 अक्तूबर, 1886

839. पेरिस में मदाम भीकाजी कामा द्वारा प्रकाशित पत्र 'वंदे मातरम्' का प्रथम अंक किस क्रांतिकारी शहीद को समर्पित था?
(क) भगतसिंह (ख) ऊधमसिंह
(ग) मदनलाल धींगरा (घ) वारींद्र घोष

उत्तर के लिए कृपया पृष्ठ सं. 154 देखें।

840. इनमें से किस महान् क्रांतिकारी की यह विशेषता थी कि वे अपनी बात को सामनेवाले के मानस में दृढ़ता से बैठा देते थे?

(क) गणेश दामोदर सावरकर (ख) भाई परमानंद

(ग) अशफाक उल्ला खाँ (घ) यतींद्रनाथ दास

841. इनमें कौन वीर स्वातंत्र्य सेनानी था, जो अपनी कूटनीति, रण-चातुर्य व युद्ध-कौशल के लिए प्रसिद्ध था?

(क) अमरसिंह (ख) नाना साहब

(ग) तात्या टोपे (घ) मानसिंह

842. प्रसिद्ध क्रांतिकारी लाला हरदयाल सैन फ्रांसिस्को से कौन सा अखबार निकालते थे?

(क) किसान (ख) क्रांति

(ग) किरती (घ) गदर

843. प्रसिद्ध क्रांतिकारी करतार सिंह सराबा को लाहौर सेंट्रल जेल में अंग्रेजों ने फाँसी पर कब लटका दिया था?

(क) 16 नवंबर, 1915 (ख) 17 नवंबर, 1916

(ग) 18 नवंबर, 1917 (घ) 19 नवंबर, 1918

844. सुप्रसिद्ध काकोरी कांड में इनमें से कौन क्रांतिकारी शामिल नहीं था?

(क) रामप्रसाद बिस्मिल (ख) चंद्रशेखर आजाद

(ग) मन्मथनाथ गुप्त (घ) खुदीराम बोस

845. सुविख्यात काकोरी कांड का निर्णय अंग्रेज जज द्वारा कब सुनाया गया था?

(क) 06 अप्रैल, 1927 (ख) 07 अप्रैल, 1928

(ग) 08 अप्रैल, 1929 (घ) 09 अप्रैल, 1930

846. इनमें से कौन क्रांतिकारी थे, जो काकोरी कांड में सम्मिलित नहीं थे, फिर भी जिन्हें अंग्रेज सरकार द्वारा काकोरी षड्यंत्र केस में फाँसी दी गई थी?

(क) अशफाक उल्ला खाँ (ख) रोशन सिंह

(ग) राजेंद्रनाथ लाहिड़ी (घ) शचींद्रनाथ सान्याल

847. महान् क्रांतिकारी पं. रामप्रसाद बिस्मिल को अंग्रेजों द्वारा कब फाँसी दी गई थी?

(क) 19 अगस्त, 1927 (ख) 20 अगस्त, 1928

(ग) 21 अगस्त, 1929 (घ) 22 अगस्त, 1930

उत्तर के लिए कृपया पृष्ठ सं. 154 देखें।

848. क्रांति ठाकुर रोशन सिंह को अंग्रेजों द्वारा काकोरी षड्यंत्र केस के अंतर्गत कब फाँसी दी गई थी?

(क) 17 दिसंबर, 1925 (ख) 18 दिसंबर, 1926

(ग) 19 दिसंबर, 1927 (घ) 20 दिसंबर, 1928

849. भारतीय क्रांतिकारी इतिहास का प्रसिद्ध काकोरी कांड कब हुआ था?

(क) 08 अगस्त, 1924 (ख) 09 अगस्त, 1925

(ग) 10 अगस्त, 1926 (घ) 11 अगस्त, 1927

850. काकोरी कांड में क्रांतिकारियों का नेतृत्व कौन क्रांतिकारी कर रहा था?

(क) रामप्रसाद बिस्मिल (ख) मन्मथनाथ गुप्त

(ग) राजेंद्रनाथ लाहिड़ी (घ) चंद्रशेखर आजाद

851. इनमें कौन महान् क्रांतिकारी थे, जिन्हें तमाम प्रयासों के बावजूद अंग्रेज पुलिस कभी पकड़ नहीं पाई?

(क) भगतसिंह (ख) रासबिहारी बोस

(ग) चंद्रशेखर आजाद (घ) बटुकेश्वर दत्त

852. क्रांतिकारी दल 'हिंदुस्तान प्रजातंत्र संघ' के प्रमुख संगठक कौन क्रांतिकारी थे?

(क) राजेंद्रनाथ लाहिड़ी (ख) शचींद्रनाथ सान्याल

(ग) मन्मथनाथ गुप्त (घ) रोशन सिंह

853. प्रसिद्ध क्रांतिकारी अशफाक उल्ला खाँ को फैजाबाद जेल में फाँसी कब दी गई थी?

(क) 17 दिसंबर, 1925 (ख) 18 दिसंबर, 1926

(ग) 19 दिसंबर, 1927 (घ) 20 दिसंबर, 1928

854. काकोरी कांड में कुल कितने क्रांतिकारियों के दल ने भाग लिया था?

(क) सात (ख) आठ

(ग) नौ (घ) दस

855. राजेंद्रनाथ लाहिड़ी को गोंडा जेल में कब फाँसी दी गई थी?

(क) 16 दिसंबर, 1927 (ख) 17 दिसंबर, 1927

(ग) 18 दिसंबर, 1927 (घ) 19 दिसंबर, 1927

856. इनमें से कौन वीर क्रांतिकारी था, जिसे उसको फाँसी दिए जाने की घोषित तिथि से दो दिन पूर्व ही फाँसी दे दी गई?

उत्तर के लिए कृपया पृष्ठ सं. 154 देखें।

(क) अशफाक उल्ला खाँ (ख) रोशन सिंह
(ग) रामप्रसाद बिस्मिल (घ) राजेंद्रनाथ लाहिड़ी

857. महान् क्रांतिकारी रामप्रसाद बिस्मिल को अंग्रेजों द्वारा किस जेल में फाँसी दी गई थी?
(क) नैनी जेल (ख) गोंडा जेल
(ग) फैजाबाद जेल (घ) गोरखपुर जेल

858. निम्नलिखित में से किस कांड के घटित हो जाने के कारण गांधीजी ने सत्याग्रह आंदोलन स्थगित कर दिया था?
(क) चौरीचौरा कांड (ख) काकोरी कांड
(ग) चटगाँव शस्त्रागार कांड (घ) हार्डिंग बम कांड

859. चंद्रशेखर आजाद इलाहाबाद के अल्फ्रेड पार्क में अंग्रेज पुलिस के साथ युद्ध करते हुए कब शहीद हो गए थे?
(क) 27 फरवरी, 1931 (ख) 28 फरवरी, 1932
(ग) 20 फरवरी, 1933 (घ) 22 फरवरी, 1934

860. मुख्य काकोरी केस अदालत में कुल कितने माह तक चला?
(क) पंद्रह (ख) सोलह
(ग) सत्रह (घ) अठारह

861. इनमें कौन क्रांतिकारी हैं, जिनके द्वारा भारतीय क्रांतिकारी आंदोलन विषयक लिखित पुस्तकें बहुत प्रामाणिक मानी जाती हैं?
(क) भगतसिंह (ख) राजेंद्रनाथ लाहिड़ी
(ग) मन्मथनाथ गुप्त (घ) शचींद्रनाथ बख्शी

862. काकोरी कांड के अंतर्गत कुल कितने क्रांतिकारियों को फाँसी की सजा हुई थी?
(क) चार (ख) पाँच
(ग) छह (घ) सात

863. काकोरी कांड में क्रांतिकारियों को फाँसी, कालेपानी एवं आजन्म कारावास की सजाएँ सुनानेवाले जज का क्या नाम था?
(क) हेमिल्टन (ख) चेम्सफोर्ड
(ग) स्टायरिस (घ) बॉण्ड

864. प्रसिद्ध महिला क्रांतिकारी सुशीला दीदी का पूरा नाम क्या था?

उत्तर के लिए कृपया पृष्ठ सं. 154 देखें।

(क) सुशीला देवी
(ख) सुशीला मोहन
(ग) सुशीला वती
(घ) सुशीला कुमारी

865. सुशीला दीदी का जन्म कब हुआ था?
(क) 05 मार्च, 1905
(ख) 06 मार्च, 1906
(ग) 07 मार्च, 1907
(घ) 08 मार्च, 1908

866. प्रसिद्ध क्रांतिकारी भगवतीचरण बोहरा एक बम-परीक्षण के समय कब शहीद हो गए थे?
(क) 28 मई, 1930
(ख) 29 मई, 1931
(ग) 30 मई, 1932
(घ) 31 मई, 1933

867. भगतसिंह, सुखदेव और राजगुरु को लाहौर किले की जेल में अंग्रेजों ने कब फाँसी के फंदे पर झुला दिया था?
(क) 23 मार्च, 1931
(ख) 24 मार्च, 1931
(ग) 25 मार्च, 1931
(घ) 26 मार्च, 1931

868. अंग्रेज पुलिस अधिकारी सांडर्स का वध इनमें से किसने किया था?
(क) भगवानदास माहौर
(ख) राजगुरु
(ग) सुखदेव
(घ) चंद्रशेखर आजाद

869. दिल्ली असेंबली बम केस में भगतसिंह के साथ दूसरे अन्य किस क्रांतिकारी को आजन्म कारावास की सजा हुई थी?
(क) विश्वेश्वर
(ख) राजगुरु
(ग) बटुकेश्वर दत्त
(घ) सुखदेव

870. 23 दिसंबर, 1912 को दिल्ली में वायसराय लॉर्ड हार्डिंग पर किस क्रांतिकारी ने बम से प्रहार किया था?
(क) सुखदेव
(ख) वसंतकुमार विश्वास
(ग) रासबिहारी बोस
(घ) भगतसिंह

871. किस क्रांतिकारी ने 28 अक्तूबर, 1937 को 'एशियाई युवक संघ' नामक संगठन की स्थापना की थी?
(क) रासबिहारी बोस
(ख) सुभाषचंद्र बोस
(ग) चंद्रशेखर आजाद
(घ) वीर सावरकर

872. महान् क्रांतिकारी रासबिहारी बोस का निधन कब हुआ था?
(क) 20 जनवरी, 1944
(ख) 21 जनवरी, 1945
(ग) 22 जनवरी, 1946
(घ) 23 जनवरी, 1947

उत्तर के लिए कृपया पृष्ठ सं. 154 देखें।

873. इनमें से किस स्वातंत्र्य वीर को 'नेताजी' के उपनाम से जाना जाता है?
(क) रामप्रसाद बिस्मिल (ख) चंद्रशेखर आजाद
(ग) सुभाषचंद्र बोस (घ) रासबिहारी बोस

874. प्रसिद्ध क्रांतिकारी शचींद्रनाथ सान्याल का निधन किस वर्ष हुआ था?
(क) सन् 1945 (ख) सन् 1946
(ग) सन् 1947 (घ) सन् 1948

875. अंग्रेजी हुकूमत ने क्रांतिकारी मास्टर अमीरचंद को अंबाला की जेल में कब फाँसी पर लटका दिया था?
(क) 11 मई, 1915 (ख) 12 जून, 1916
(ग) 13 जुलाई, 1917 (घ) 14 अगस्त, 1918

876. दिल्ली बम कांड (वायसराय लॉर्ड हार्डिंग पर किया गया बम प्रहार) का निर्णय अंग्रेजों द्वारा कब सुनाया गया था, जिसमें क्रांतिकारियों को काले पानी की सजा सुनाई गई थी?
(क) 05 अक्तूबर, 1914 (ख) 06 अक्तूबर, 1915
(ग) 07 अक्तूबर, 1916 (घ) 08 अक्तूबर, 1917

877. इनमें से किस क्रांतिकारी को 'बाघा जतीन' के नाम से जाना जाता है?
(क) चित्तरंजन मुखर्जी (ख) ज्योतींद्रनाथ मुखर्जी
(ग) यतींद्रनाथ दास (घ) नीरेंद्र मोहन मुखर्जी

878. इनमें से कौन क्रांतिकारी 'एम.एन. राय' के नाम से प्रसिद्ध हैं?
(क) नरेंद्रनाथ भट्टाचार्य (ख) जितेंद्रनाथ मल्लिक
(ग) ज्योतींद्रनाथ मुखर्जी (घ) यतींद्रनाथ दास

879. ब्रिटिश हुकूमत के विरुद्ध लंबे अनशन के बाद महान् क्रांतिकारी यतींद्रनाथ दास का प्राणांत कब हुआ था?
(क) 13 सितंबर, 1929 (ख) 14 सितंबर, 1929
(ग) 15 सितंबर, 1929 (घ) 16 सितंबर, 1929

880. महान् क्रांतिकारी चंद्रशेखर आजाद का जन्म कब हुआ था?
(क) 22 जुलाई, 1905 (ख) 23 जुलाई, 1906
(ग) 24 जुलाई, 1907 (घ) 25 जुलाई, 1908

881. सुभाषचंद्र बोस का जन्म कब हुआ था?
(क) 23 जनवरी, 1889 (ख) 23 जनवरी, 1890
(ग) 23 जनवरी, 1891 (घ) 23 जनवरी, 1892

उत्तर के लिए कृपया पृष्ठ सं. 154-155 देखें।

882. क्रांतिकारी लोग इनमें से अपने किस साथी को 'बुलेट' (गोली) कहकर पुकारा करते थे?

(क) चंद्रशेखर आजाद (ख) बटुकेश्वर दत्त

(ग) विश्वेश्वर (घ) सुखदेव

883. चंद्रशेखर आजाद का संबंध इनमें किस गाँव से है?

(क) लमही (ख) भावरा

(ग) भगूर (घ) चिरगाँव

884. पं. रामप्रसाद बिस्मिल किस क्रांतिकारी को 'क्विक सिल्वर' (पारा) कहते थे?

(क) चंद्रशेखर आजाद (ख) अशफाक उल्ला खाँ

(ग) भगतसिंह (घ) राजगुरु

885. क्रांतिकारियों ने पुलिस अधीक्षक जे.पी. सांडर्स का वध कब किया था?

(क) 17 दिसंबर, 1927 (ख) 17 दिसंबर, 1928

(ग) 17 दिसंबर, 1929 (घ) 17 दिसंबर, 1930

886. चंद्रशेखर आजाद के पिताजी का नाम क्या था?

(क) सीताराम तिवारी (ख) वीरभद्र तिवारी

(ग) रामअवध तिवारी (घ) सदाशिव तिवारी

887. कानपुर में भगतसिंह ने गणेश शंकर विद्यार्थी द्वारा संचालित-प्रकाशित पत्र में कुछ दिनों तक काम किया था। उस पत्र का क्या नाम था?

(क) प्रताप (ख) कादंबरी

(ग) आज (घ) राष्ट्र

888. सरदार भगतसिंह की माताजी का क्या नाम था?

(क) वेदवती (ख) कलावती

(ग) विद्यावती (घ) सत्यवती

889. प्रसिद्ध क्रांतिकारी सुखदेव का जन्म लुधियाना जिले के नौघराँ नामक स्थान में कब हुआ था?

(क) 15 मई, 1906 (ख) 15 मई, 1907

(ग) 15 मई, 1908 (घ) 15 मई, 1909

890. साइमन कमीशन लाहौर कब पहुँचा था?

(क) 18 अक्तूबर, 1926 (ख) 19 अक्तूबर, 1927

(ग) 20 अक्तूबर, 1928 (घ) 21 अक्तूबर, 1929

उत्तर के लिए कृपया पृष्ठ सं. 155 देखें।

891. इनमें से कौन क्रांतिकारी माउजर पिस्तौल का प्रयोग करता था?
(क) भगतसिंह (ख) राजगुरु
(ग) सुखदेव (घ) चंद्रशेखर आजाद

892. भगतसिंह, राजगुरु और सुखदेव की मृत्यु का बदला लेनेवाले वीर क्रांतिकारी बैकुंठनाथ शुक्ल को अंग्रेजों द्वारा गया जेल में कब फाँसी दी गई थी?
(क) 14 मई, 1934 (ख) 14 जून, 1935
(ग) 14 जुलाई, 1936 (घ) 14 अगस्त, 1937

893. इनमें से कौन थे, जो क्रांतिकारी थे और बाद में जिन्होंने साहित्यकार बनकर कई पुस्तकों की रचना की?
(क) यशपाल (ख) भगवानदास माहौर
(ग) विजयकुमार सिन्हा (घ) जयदेव कपूर

894. इनमें कौन क्रांतिकारी थे, जिन्होंने जेल-जीवन के दौरान अपनी ही पार्टी की एक महिला क्रांतिकारी प्रकाशवती से विवाह किया था?
(क) भगवतीचरण वोहरा (ख) राजगुरु
(ग) धन्वंतरी (घ) यशपाल

895. इनमें कौन महिला क्रांतिकारी थीं, जिन्हें भगवतीचरण वोहरा ने अपनी बहन बना लिया था?
(क) प्रकाशवती (ख) दुर्गा देवी
(ग) सुशीला मोहन (घ) नलिनी

896. प्रसिद्ध क्रांतिकारी दुर्गा भाभी का पूरा नाम क्या था?
(क) दुर्गावती बोहरा (ख) दुर्गा रानी बोहरा
(ग) दुर्गा देवी बोहरा (घ) दुर्गेशनंदिनी

897. इनमें कौन क्रांतिकारी था, जो क्रांति-कार्यों को अंजाम देने में अकसर 'नौकर' का अभिनय किया करता था?
(क) सुखदेव (ख) राजगुरु
(ग) शंकरराव मलकापुरकर (घ) जयदेव कपूर

898. चटगाँव के क्रांतिकारियों ने मिलकर 'इंडियन रिपब्लिकन आर्मी' नाम से एक संगठन स्थापित किया था। इसका अध्यक्ष किस वीर क्रांतिकारी को बनाया गया था?
(क) सूर्यसेन (ख) निर्मल सेन
(ग) लोकनाथ बल (घ) अंबिका चक्रवर्ती

उत्तर के लिए कृपया पृष्ठ सं. 155 देखें।

899. भारतीय क्रांतिकारी आंदोलन के इतिहास में प्रसिद्ध चटगाँव शस्त्रागार कांड कब हुआ था?

(क) 16 अप्रैल, 1930 (ख) 17 अप्रैल, 1930

(ग) 18 अप्रैल, 1930 (घ) 19 अप्रैल, 1930

900. चटगाँव शस्त्रागार कांड के प्रमुख सूत्रधार वीर क्रांतिकारी सूर्यसेन को अंग्रेजों द्वारा कब फाँसी दी गई थी?

(क) 10 जनवरी, 1932 (ख) 11 जनवरी, 1933

(ग) 12 जनवरी, 1934 (घ) 13 जनवरी, 1935

901. वीर मंगल पांडे ने अंग्रेजी हुकूमत के विरुद्ध क्रांति का बिगुल अपनी बंदूक से किस दिन फूँका था?

(क) 26 मार्च, 1857 (ख) 27 मार्च, 1857

(ग) 28 मार्च, 1857 (घ) 29 मार्च, 1857

902. मंगल पांडे को अंग्रेजों ने कब फाँसी दी थी?

(क) 08 मार्च, 1957 (ख) 08 मई, 1857

(ग) 08 अप्रैल, 1857 (घ) 18 सितंबर, 1857

903. वीरांगना मैना इनमें से किस स्वातंत्र्य सेनानी की पुत्री थीं?

(क) तात्या टोपे (ख) नाना साहब पेशवा

(ग) कुँअर सिंह (घ) केशरीसिंह बारहठ

904. इनमें से किसने नाना साहब पेशवा की सेवा एक वकील के रूप में की थी?

(क) तात्या टोपे (ख) गंगाधर राव

(ग) अजीमुल्ला खाँ (घ) मोरोपंत पिंगले

905. कौन क्रांतिकारी थे, जो बाद में 'महर्षि' कहलाए?

(क) अरविंद घोष (ख) वारींद्र घोष

(ग) शचींद्रनाथ घोष (घ) सुरेंद्रनाथ घोष

906. विनायक दामोदर सावरकर (वीर सावरकर) का महाप्रयाण कब हुआ था?

(क) 25 फरवरी, 1965 (ख) 26 फरवरी, 1966

(ग) 27 फरवरी, 1967 (घ) 28 फरवरी, 1968

उत्तर के लिए कृपया पृष्ठ सं. 155 देखें।

907. 10 मई, 1908 को लंदन में प्रथम भारतीय स्वातंत्र्य संग्राम का अर्ध-शताब्दी समारोह किस क्रांतिवीर के प्रयत्नों से आयोजित किया गया था, जिसका अंग्रेजों ने बहुत विरोध किया था?
(क) मदनलाल धींगरा (ख) सेनापति बापट
(ग) विनायक दामोदर सावरकर (घ) पांडुरंग सदाशिव खानखोजे

908. देश-हित में प्राणोत्सर्ग करनेवाली वीरांगनाएँ जूही और मुंदर किस वीरांगना रानी की सहयोगिनी थीं?
(क) रानी चेन्नम्मा (ख) रानी लक्ष्मीबाई
(ग) रानी गाइडिन्ल्यू (घ) रानी अहिल्याबाई

909. इनमें से कौन स्वातंत्र्य सेनानी नाना साहब पेशवा के लिपिक के रूप में उन्नत होकर 1857 के स्वातंत्र्य समर का महासेनापति बना था?
(क) अजीमुल्ला खाँ (ख) कुँअर सिंह
(ग) तात्या टोपे (घ) अमर सिंह

910. निम्नलिखित में किस क्रांतिकारी का संबंध 'सराबा' नामक गाँव से है?
(क) भगतसिंह (ख) करतार सिंह
(ग) वरयाम सिंह (घ) अजीत सिंह

911. सन् 1913 के आस-पास सैन फ्रांसिस्को में प्रवासी भारतीयों ने संगठन एवं प्रचार की दृष्टि से एक समाचार-पत्र का प्रकाशन प्रारंभ किया था। उस पत्र का क्या नाम था?
(क) प्रताप (ख) स्वातंत्र्य
(ग) गदर (घ) किरती

912. उस जापानी जहाज का नाम बताएँ, जिसे भारत के एक क्रांतिकारी बाबा गुरुदत्त सिंह ने हांगकांग में किराए पर लिया था और उसमें कुछ भारतीय यात्रियों को भरकर कनाडा (गदर के उद्देश्य से) ले जाना चाह रहे थे, पर असफल रहे?
(क) कामागाटामारू (ख) निपनमारू
(ग) प्रिंस (घ) डोनाकामेलिया

913. करतार सिंह सराबा द्वारा संचालित 'गदर' पत्र का उर्दू में पहला अंक कब निकला था?
(क) 02 अक्तूबर, 1913 (ख) 03 अक्तूबर, 1913
(ग) 01 नवंबर, 1913 (घ) 04 नवंबर, 1912

उत्तर के लिए कृपया पृष्ठ सं. 155 देखें।

914. पंजाबी भाषा में 'गदर' का प्रकाशन कब से प्रारंभ हुआ था?
(क) 07 दिसंबर, 1913 (ख) 08 जनवरी, 1914
(ग) 09 फरवरी, 1915 (घ) 10 मार्च, 1916

915. महान् क्रांतिकारी करतार सिंह सराबा को अंग्रेजी हुकूमत द्वारा कब फाँसी के फंदे पर झुला दिया गया?
(क) 17 नवंबर, 1915 (ख) 18 नवंबर, 1915
(ग) 19 नवंबर, 1915 (घ) 20 नवंबर, 1915

916. इनमें कौन वीर क्रांतिकारी था, जो अंग्रेज पुलिस द्वारा हथकड़ी-बेड़ी में ट्रेन द्वारा राजमहेंद्री जेल से कलकत्ता जेल ले जाया जा रहा था और रास्ते में उसने पुलिस को चकमा देकर चलती ट्रेन से छलाँग लगा दी थी?
(क) चंद्रशेखर आजाद (ख) पृथ्वी सिंह
(ग) गणेश रघुनाथ वैशंपायन (घ) भगतसिंह

917. इनमें कौन क्रांतिकारी थे, जिन्होंने चंद्रशेखर आजाद से भेंट की स्मृति-स्वरूप उनकी शहादत के पश्चात् अपने नाम के आगे 'आजाद' शब्द जोड़ लिया था?
(क) करतार सिंह (ख) भगवान सिंह
(ग) पृथ्वी सिंह (घ) भाई परमानंद

918. वीर क्रांतिकारी मणींद्रनाथ बनर्जी का निधन—अंग्रेज हुकूमत के विरुद्ध जेल में आमरण अनशन करने के कारण—कब हुआ था?
(क) 18 जून, 1934 (ख) 19 जून, 1934
(ग) 20 जून, 1934 (घ) 21 जून, 1934

919. इनमें कौन वीर स्वातंत्र्य सेनानी है जिसने ब्रिटिश सेना में सेवारत रहते हुए ब्रिटिश सैन्य अधिकारी के आदेश—आंदोलनरत भारतीयों पर गोलियाँ चलाना—को मानने से अपनी सैन्य पलटन को मना कर दिया था?
(क) कैप्टन लक्ष्मी (ख) चंद्रसिंह गढ़वाली
(ग) मोहम्मद हबीब (घ) भूपसिंह नेताली

920. किस महान् क्रांतिकारी ने यह कहा था कि 'अंग्रेजों ने अभी वह गोली नहीं बनाई है, जो मुझे मार सके।'
(क) भगतसिंह (ख) रामप्रसाद बिस्मिल
(ग) सुभाषचंद्र बोस (घ) अशफाक उल्ला खाँ

उत्तर के लिए कृपया पृष्ठ सं. 155 देखें।

921. यरवदा जेल में चार वीर देशभक्तों—मलप्पाधन शेट्टी, जगन्नाथ बी. शिंदे, श्रीकृष्ण शारदा एवं अब्दुल रसूल को अंग्रेजों द्वारा फाँसी पर लटका दिया गया। वह कौन सी तारीख थी?

(क) 12 जनवरी, 1931 (ख) 13 जनवरी, 1931
(ग) 14 जनवरी, 1931 (घ) 15 जनवरी, 1931

922. महान् क्रांतिवीर भगतसिंह के चाचा भी एक क्रांतिकारी थे, उनका क्या नाम था?

(क) अजीत सिंह (ख) भाग सिंह
(ग) बलवंत सिंह (घ) राज सिंह

923. सरदार भगतसिंह एवं चंद्रशेखर आजाद को किस क्रांतिकारी ने बम बनाने का प्रशिक्षण दिया था?

(क) कुबेर नाथ दास (ख) यतींद्रनाथ दास
(ग) मन्मथनाथ (घ) वारींद्रनाथ

924. सुप्रसिद्ध क्रांतिकारी राजगुरु का पूरा नाम क्या था?

(क) शिवराम राजगुरु (ख) हरिराम राजगुरु
(ग) राजाराम राजगुरु (घ) बलराम राजगुरु

925. वह कौन महान् राष्ट्रभक्त थे, जो देश की स्वतंत्रता के लिए क्रांतिकारियों के संगठन में सम्मिलित हो उसके सदस्य बन क्रांति-कार्य करते थे और तत्पश्चात् जिन्होंने महान् राष्ट्रवादी संगठन राष्ट्रीय स्वयंसेवक संघ की स्थापना की?

(क) केशव बलिराम हेडगेवार (ख) माधव सदाशिव गोलवलकर
(ग) वासुदेव बलवंत फड़के (घ) विनायक दामोदर सावरकर

926. 'अनुशीलन समिति' नामक क्रांतिकारी संगठन प्रमुखतः किस प्रांत के क्रांतिकारियों का संगठन था?

(क) बंगाल (ख) महाराष्ट्र
(ग) पंजाब (घ) संयुक्त प्रांत

927. ब्रिटिश सरकार के अधीन सेवा आई.सी.एस. (इंडियन सिविल सर्विस) में चयन के बावजूद उसे ठुकरानेवाला प्रथम भारतीय देशभक्त कौन था?

(क) अरविंद घोष (ख) सुभाषचंद्र बोस
(ग) वीर सावरकर (घ) चित्तरंजन दास

उत्तर के लिए कृपया पृष्ठ सं. 155 देखें।

928. इनमें कौन वीर क्रांतिकारी अंग्रेज पुलिस की नजरबंदी को धता बता मौलवी का रूप बनाकर निकल भागा था?

(क) सुभाषचंद्र बोस (ख) चंद्रशेखर आजाद
(ग) वीर सावरकर (घ) रासबिहारी बोस

929. सिंगापुर में आजाद हिंद सरकार की स्थापना किस महान् स्वातंत्र्य सेनानी ने की थी?

(क) लाला हरदयाल (ख) श्यामजी कृष्ण वर्मा
(ग) रासबिहारी बोस (घ) सुभाषचंद्र बोस

930. जर्मनी में 'आजाद हिंद संघ' की स्थापना किसने की थी?

(क) श्यामजी कृष्ण वर्मा (ख) मदाम भीकाजी कामा
(ग) लाला हरदयाल (घ) सुभाषचंद्र बोस

931. सुभाषचंद्र बोस किसके द्वारा 'भारत का नेता' कहे जाने के बाद 'नेताजी' कहकर पुकारे जाने लगे थे?

(क) मुसोलिनी (ख) हिटलर
(ग) महात्मा गांधी (घ) तोजो

932. सुभाषचंद्र बोस ने 'आजाद हिंद रेडियो' की स्थापन्न किस देश में की थी?

(क) जर्मनी (ख) जापान
(ग) सिंगापुर (घ) कनाडा

933. आजाद हिंद फौज का गठन इनमें से किस वीर स्वातंत्र्य सेनानी ने किया था?

(क) रासबिहारी बोस (ख) सुभाषचंद्र बोस
(ग) लाला हरदयाल (घ) वीर सावरकर

934. सुभाषचंद्र बोस ने ब्रिटेन एवं अमेरिका के विरुद्ध युद्ध की घोषणा कब की थी?

(क) 24 अक्तूबर, 1943 (ख) 12 अक्तूबर, 1943
(ग) 26 नवंबर, 1943 (घ) 28 नवंबर, 1943

935. सुभाषचंद्र बोस का निधन कब हुआ था?

(क) 16 अगस्त, 1945 (ख) 18 अगस्त, 1945
(ग) 20 अगस्त, 1945 (घ) 22 अगस्त, 1945

उत्तर के लिए कृपया पृष्ठ सं. 155 देखें।

936. आजाद हिंद फौज के वीरों पर ब्रिटिश सरकार द्वारा चलाए गए मुकदमे की चेतना के कारण नौसैनिक विद्रोह कब हुआ था?

(क) सन् 1944 (ख) सन् 1945

(ग) सन् 1946 (घ) सन् 1947

937. फॉरवर्ड ब्लॉक की स्थापना इनमें से किस स्वातंत्र्य सेनानी ने की थी?

(क) रासबिहारी बोस (ख) सुभाषचंद्र बोस

(ग) वीर सावरकर (घ) मदाम भीकाजी कामा

938. जे.पी. सांडर्स हत्याकांड के अंतर्गत वांछित भगतसिंह एवं राजगुरु को अंग्रेज पुलिस से बचाकर लाहौर से कलकत्ता कौन वीर क्रांतिकारिणी ले आई थीं?

(क) दुर्गा भाभी (ख) सुशीला दीदी

(ग) प्रकाशवती पाल (घ) कल्याणी देवी

939. इनमें से कौन क्रांतिकारी दार्शनिक और चिंतक भी था?

(क) चंद्रशेखर आजाद (ख) सुखेदव

(ग) भगतसिंह (घ) राजगुरु

940. अप्रैल 1929 का दिल्ली असेंबली बम कांड किस क्रांतिवीर के मस्तिष्क की उपज था?

(क) बटुकेश्वर दत्त (ख) भगतसिंह

(ग) विश्वेश्वर (घ) सुखदेव

941. लाहौर जेल में भगतसिंह के साथी क्रांतिकारी यतींद्रनाथ दास की कितने दिन लंबे अनशन के बाद मृत्यु हो गई थी?

(क) 61 (ख) 62

(ग) 63 (घ) 64

942. इनमें से कौन क्रांतिकारी 'लेफ्टिनेंट' के नाम से भी जाना जाता है?

(क) शचींद्रनाथ बख्शी (ख) रासबिहारी बोस

(ग) शचींद्रनाथ सान्याल (घ) सुभाषचंद्र बोस

943. इनमें से कौन क्रांतिकारी चार भाई थे और चारों ही क्रांतिकारी थे?

(क) अशफाक उल्ला खाँ (ख) शचींद्रनाथ सान्याल

(ग) राजेंद्रनाथ लाहिड़ी (घ) रामप्रसाद बिस्मिल

944. प्रसिद्ध क्रांतिकारी रासबिहारी बोस ने आजाद हिंद आंदोलन की बागडोर

उत्तर के लिए कृपया पृष्ठ सं. 155-156 देखें।

सुभाषचंद्र बोस को कब थमाई थी?

(क) 02 जुलाई, 1943 (ख) 03 जुलाई, 1943

(ग) 04 जुलाई, 1943 (घ) 05 जुलाई, 1943

945. उन्नीसवीं शताब्दी के चौथे दशक में स्थापित 'भारतीय स्वाधीनता परिषद्' के अध्यक्ष कौन थे?

(क) रासबिहारी बोस (ख) सुभाषचंद्र बोस

(ग) लाला हरदयाल (घ) श्यामजी कृष्ण वर्मा

946. सुभाषचंद्र बोस का निधन कैसे हुआ था?

(क) सड़क दुर्घटना में (ख) विमान दुर्घटना में

(ग) रेल दुर्घटना में (घ) पनडुब्बी दुर्घटना में

947. इनमें से कौन क्रांतिकारी था, जिसने दो बार कालेपानी के कारावास का दंड भुगता था?

(क) शचींद्रनाथ सान्याल (ख) भगवानदास माहौर

(ग) विष्णु गणेश पिंगले (घ) राजगुरु

948. किस महान् भारतीय क्रांतिकारी को सन् 1945 में जापान के सम्राट् ने राष्ट्रीय सम्मान से सम्मानित किया था?

(क) सुभाषचंद्र बोस (ख) रासबिहारी बोस

(ग) वीर सावरकर (घ) मदाम भीकाजी कामा

949. इनमें कौन क्रांतिकारी क्रांतिकारियों एवं पुलिस के बीच भी 'हाबू' के नाम से जाना जाता था?

(क) शचींद्रनाथ सान्याल (ख) सुखदेव

(ग) शिरीषचंद्र मित्र (घ) भगवतीचरण वोहरा

950. इनमें से कौन क्रांतिकारी था, जिसने 15 अगस्त, 1947 को यह सुनते ही कि 'भारत स्वतंत्र हो गया है', अपने परिवारवालों से कहा कि ''मेरा मकसद पूरा हो गया है। मैं जा रहा हूँ।'' और कुछ देर बाद ही अपने प्राण त्याग दिए थे?

(क) लाला हरदयाल (ख) सरदार अजीत सिंह

(ग) श्यामजी कृष्ण वर्मा (घ) वीर सावरकर

951. इनमें कौन महान् क्रांतिकारी थे, जिन पर हेग की अंतरराष्ट्रीय अदालत में मुकदमा चला था? यह क्रांतिकारी इतिहास में पहली बार था।

उत्तर के लिए कृपया पृष्ठ सं. 156 देखें।

(क) विनायक दामोदर सावरकर (ख) रासबिहारी बोस

(ग) सुषाषचंद्र बोस (घ) श्यामजी कृष्ण वर्मा

952. वीर क्रांतिकारी अवनीनाथ मुकर्जी का जन्म जबलपुर, मध्य प्रदेश में कब हुआ था?

(क) 03 जून, 1891 (ख) 04 जून, 1891

(ग) 05 जून, 1891 (घ) 06 जून, 1891

953. महान् क्रांतिकारी सरदार अजीत सिंह का जन्म कब हुआ था?

(क) 23 फरवरी, 1881 (ख) 24 फरवरी, 1881

(ग) 25 फरवरी, 1881 (घ) 26 फरवरी, 1881

954. वह कौन महान् क्रांतिकारी थे, जो वीर क्रांतिकारी होने के साथ ही कवि, इतिहासकार, साहित्यकार, चिंतक, वक्ता एवं दार्शनिक भी थे और जिनकी समस्त रचनाओं का संकलन उनके नाम से 'समग्र' के रूप में दस विशाल खंडों में प्रकाशित है?

(क) वीर सावरकर (ख) भगतसिंह

(ग) सुभाषचंद्र बोस (घ) लाला हरदयाल

955. स्वामी विवेकानंद के एक भाई महान् क्रांतिकारी थे, उनका नाम बताइए।

(क) कन्हाईलाल दत्त (ख) भूपेंद्रनाथ दत्त

(ग) उल्लासकर दत्त (घ) वीरेंद्रनाथ दत्त

956. इनमें से कौन क्रांतिकारी हीरे-जवाहरात के बहुत बड़े व्यापारी थे और इंग्लैंड गए थे हारों का व्यापार करने, पर श्यामजी कृष्ण वर्मा और वीर सावरकर के संपर्क में आकर क्रांतिकारी बन गए?

(क) सरदार सिंह राणा (ख) लाला हरदयाल

(ग) सूफी अंबा प्रसाद (घ) इकबाल शैदाई

957. महान् क्रांतिकारी मानवेंद्रनाथ राय का निधन कब हुआ?

(क) 24 जनवरी, 1934 (ख) 24 जनवरी, 1944

(ग) 24 जनवरी, 1954 (घ) 24 जनवरी, 1956

958. भारत में ब्रिटिश अत्याचारों को पर्दाफाश करती दो प्रसिद्ध पुस्तकें 'ब्रिटिश रूल इन इंडिया : कंडेम्ड बाइ द ब्रिटिश देमसेल्व्ज' एवं 'सोशलिस्ट ऑन ब्रिटिश रूल इन इंडिया' किस महान् क्रांतिकारी द्वारा लिखित हैं?

उत्तर के लिए कृपया पृष्ठ सं. 156 देखें।

(क) वीर सावरकर (ख) सुभाषचंद्र बोस
(ग) श्यामजी कृष्ण वर्मा (घ) वीरेंद्रनाथ चट्टोपाध्याय

959. महान् क्रांतिकारी अरविंद घोष के पिता का क्या नाम था?
(क) कृष्णधन कोष (ख) वारींद्र घोष
(ग) हेमेंद्रनाथ घोष (घ) चित्तरंजन घोष

960. ब्रिटिश हुकूमत द्वारा क्रांतिकारियों पर 'अलीपुर बम केस' के नाम से चलाए गए अभियोग का निर्णय सेशन जज सी.पी. बीचक्राफ्ट द्वारा कब सुनाया गया था?
(क) 06 मई, 1909 (ख) 07 मई, 1909
(ग) 08 मई, 1909 (घ) 09 मई, 1909

961. इनमें से किस क्रांतिवीर ने कलकत्ता से 'युगांतर' नामक मासिक पत्र का प्रकाशन किया था?
(क) वारींद्र कुमार घोष (ख) भूपेंद्रनाथ दत्त
(ग) प्रफुल्लचंद्र चक्रवर्ती (घ) चारुचंद्र बोस

962. महान् क्रांतिकारी कन्हाई लाल दत्त को ब्रिटिश सरकार ने अलीपुर केंद्रीय कारागार में फाँसी कब दी थी?
(क) 10 नवंबर, 1908 (ख) 12 नवंबर, 1908
(ग) 14 नवंबर, 1908 (घ) 16 नवंबर, 1908

963. क्रांतिकारी सत्येंद्रनाथ बसु को अंग्रेजों ने कब फाँसी पर लटका दिया था?
(क) 21 नवंबर, 1908 (ख) 22 नवंबर, 1908
(ग) 23 नवंबर, 1908 (घ) 24 नवंबर, 1908

964. क्रांतिकारी चारुचंद्र बोस को अंग्रेजों ने अलीपुर केंद्रीय कारागार में फाँसी कब दी थी?
(क) 17 मार्च, 1909 (ख) 18 मार्च, 1909
(ग) 19 मार्च, 1909 (घ) 20 मार्च, 1909

965. क्रांतिकारी इतिहास के प्रसिद्ध 'अलीपुर बम केस' के अंतर्गत कुल कितने क्रांतिकारियों को ब्रिटिश हुकूमत ने अभियुक्त बनाया था?
(क) 30 (ख) 32
(ग) 34 (घ) 36

966. अंदमान जेल, जिसे 'काला पानी' भी कहते हैं, के एक खूँखार जेलर, जो आयरिश था, को क्रांतिकारी लोग क्या कहते थे?

उत्तर के लिए कृपया पृष्ठ सं. 156 देखें।

(क) राक्षस साहब (ख) बारी साहब
(ग) पिशाच साहब (घ) जिन्न साहब

967. प्रसिद्ध क्रांतिकारी (बंगाल के) वीरेंद्रनाथ दत्त को ब्रिटिश हुकूमत ने कब फाँसी पर लटका दिया था?
(क) 19 फरवरी, 1910 (ख) 20 फरवरी, 1910
(ग) 21 फरवरी, 1910 (घ) 22 फरवरी, 1910

968. क्रांतिकारियों के दमन के लिए कुख्यात तिन्नेवेली (तमिलनाडु) के अंग्रेज कलक्टर रॉबर्ट विलियम ऐश का वध किस क्रांतिकारी ने किया था?
(क) चिदंबरम पिल्लै (ख) वांची अय्यर
(ग) सुब्रह्मण्यम शिव (घ) वांकू अय्यर

969. बंगाल के प्रसिद्ध क्रांतिकारियों अनंत हरि मित्र एवं प्रमोदरंजन चौधरी को अंग्रेजों ने कब फाँसी दी थी।
(क) 26 सितंबर, 1926 (ख) 27 सितंबर, 1926
(ग) 28 सितंबर, 1926 (घ) 29 सितंबर, 1926

970. प्रसिद्ध क्रांतिकारी लाला हरदयाल का निधन कब हुआ था?
(क) 03 मार्च, 1939 (ख) 04 मार्च, 1939
(ग) 05 मार्च, 1939 (घ) 06 मार्च, 1939

971. 13 सितंबर, 1915 को 'प्रथम लाहौर षड्यंत्र केस' के अंतर्गत सुनाए गए निर्णय में अंग्रेजों ने कुल कितने भारतीय क्रांतिकारियों को फाँसी की सजा सुनाई थी?
(क) 24 (ख) 25
(ग) 26 (घ) 27

972. भारतीय क्रांतिकारियों ने गदर पार्टी की स्थापना किस देश में की थी?
(क) फ्रांस (ख) अमेरिका
(ग) जापान (घ) जर्मनी

973. तमिल भाषा के प्रसिद्ध कवि सुब्रह्मण्यम भारती पांडिचेरी से एक दैनिक पत्र निकालकर ब्रिटिश शासन के विरुद्ध विद्रोह का वातावरण तैयार कर रहे थे। उस पत्र का नाम बताएँ।
(क) राष्ट्रीयता (ख) देशबंधु
(ग) इंडिया (घ) स्वराज

उत्तर के लिए कृपया पृष्ठ सं. 156 देखें।

974. इनमें किस साप्ताहिक पत्र में भारतीय क्रांतिकारियों ने यह विज्ञापन प्रकाशित करवाया था—'आवश्यकता है : भारत में गदर शुरू करने के लिए बहादुर सैनिकों की, वेतन : मृत्यु, पुरस्कार : शहादत, पेंशन : आजादी, युद्धस्थल : भारत'।

(क) बर्लिन समाचार (ख) वंदे मातरम्

(ग) गदर (घ) स्वाधीन

975. इनमें से किसने इंग्लैंड व फ्रांस में रहकर भारतीय क्रांतिकारियों को अपार धन देकर देश-कार्य में सहयोग दे भामाशाह की भूमिका अदा की थी?

(क) लाला हरदयाल (ख) सरदार सिंह राणा

(ग) राजा महेंद्र प्रताप (घ) मदाम भीकाजी कामा

976. बंगाल के प्रसिद्ध क्रांतिकारियों सूर्यसेन को उनके साथी क्रांतिकारी अन्य किस नाम पुकारते थे?

(क) दादा (ख) बड़े भैया

(ग) मास्टर दा (घ) शेरे दिल

977. प्रसिद्ध क्रांतिकारी रासबिहारी बोस को उनके साथी क्रांतिकारी अन्य किस नाम से पुकारते थे?

(क) दादा (ख) रासू दा

(ग) बड़े भैया (घ) नेताजी

978. इनमें से कौन क्रांतिकारी रास बिहारी बोस के 'दाहिने हाथ' माने जाते थे?

(क) वारींद्र कुमार घोष (ख) खुदीराम बोस

(ग) राजेंद्रनाथ लाहिड़ी (घ) शचींद्रनाथ सान्याल

979. क्रांतिकारियों द्वारा 'हिंदुस्तान प्रजातंत्र संघ' की कार्यकारिणी की बैठक शाहजहाँपुर में कब आयोजित की गई, जिसमें काकोरी ट्रेन डकैती योजना पर विचार-विमर्श हुआ।

(क) 07 अगस्त, 1925 (ख) 08 अगस्त, 1925

(ग) 09 अगस्त, 1925 (घ) 10 अगस्त, 1925

980. इनमें कौन क्रांतिकारी थे जो अपनी युवावस्था में साधु बनकर 'स्वामी गोविंद प्रकाश' के नाम से एक आश्रम में रह रहे थे और जिन्हें प्रसिद्ध क्रांतिकारी चंद्रशेखर आजाद ने मिलकर, उनके विचारों को बदलकर

उत्तर के लिए कृपया पृष्ठ सं. 156 देखें।

क्रांति-कार्य की ओर प्रेरित किया?

(क) रामकृष्ण खत्री (ख) गोविंद चरण कर

(ग) मन्मथनाथ गुप्त (घ) विष्णु शरण दुबलिश

981. प्रसिद्ध क्रांतिकारी कालीपद मुकर्जी को अंग्रेजों ने कब फाँसी पर झुला दिया था?

(क) 16 फरवरी, 1933 (ख) 17 फरवरी, 1933

(ग) 18 फरवरी, 1933 (घ) 19 फरवरी, 1933

982. महिलाओं को अपमानित करने, उन्हें गालियाँ देने और अवसर पाकर बेंतों से प्रहार कराने से भी न चूकनेवाले स्पेशल मजिस्ट्रेट कामाख्या प्रसाद सेन का वध किस वीर क्रांतिकारी ने किया था?

(क) सूर्यसेन (ख) मनोरंजन भट्टाचार्य

(ग) कालीपद मुकर्जी (घ) हरिपद बागची

983. 1 मई, 1933 को समुद्र किनारे बम का परीक्षण करते समय इनमें से कौन वीर क्रांतिकारी शहीद हो गया था।

(क) शंभूनाथ आजाद (ख) रोशनलाल मेहरा

(ग) इंद्र सिंह मुनि (घ) गोविंदराम वर्मा

984. प्रसिद्ध क्रांतिकारी गोविंदराम वर्मा क्रांति-कार्य करते हुए अंग्रेज पुलिस की गोली लगने से कब शहीद हो गए थे?

(क) 04 मई, 1933 (ख) 05 मई, 1933

(ग) 06 मई, 1933 (घ) 07 मई, 1933

985. अंग्रेजों की कैद में जेल में रहते हुए क्रांतिकारी जितेंद्रनाथ मल्लिक की मृत्यु कब हुई थी?

(क) 14 दिसंबर, 1941 (ख) 15 दिसंबर, 1941

(ग) 16 दिसंबर, 1941 (घ) 17 दिसंबर, 1941

986. इनमें से कौन महान् क्रांतिकारी झाँसी में 'हरिशंकर' के छद्म नाम से (अंग्रेज पुलिस से बचने के लिए) रह रहा था?

(क) भगतसिंह (ख) चंद्रशेखर आजाद

(ग) सुखदेव (घ) राजगुरु

987. इनमें से किस क्रांतिकारी को उसकी बहादुरी के कारण 'नाहरू' (शेर) कहा जाता था?

उत्तर के लिए कृपया पृष्ठ सं. 156 देखें।

(क) रामप्रसाद बिस्मिल (ख) भगतसिंह
(ग) चंद्रशेखर आजाद (घ) राजगुरु

988. अंग्रेज पुलिस की लाठियों के प्रहार के कारण लाला लाजपत राय का निधन कब हुआ था?
(क) 17 नवंबर, 1928 (ख) 18 नवंबर, 1928
(ग) 19 नवंबर, 1928 (घ) 20 नवंबर, 1928

989. सितंबर 1928 में दिल्ली के फिरोजशाह कोटला किले में क्रांतिकारियों की प्रसिद्ध गुप्त बैठक कब हुई थी?
(क) 8-9 सितंबर (ख) 10-11 सितंबर
(ग) 12-13 सितंबर (घ) 14-15 सितंबर

990. क्रांतिकारी शिव वर्मा को आजन्म कारावास की सजा अंग्रेजों ने कब दी थी?
(क) 07 अक्तूबर, 1930 (ख) 08 अक्तूबर, 1930
(ग) 09 अक्तूबर, 1930 (घ) 10 अक्तूबर, 1930

991. प्रसिद्ध क्रांतिकारी जयदेव कपूर एवं शिव वर्मा कहाँ के रहनेवाले थे?
(क) हरदोई (ख) कानपुर
(ग) बनारस (घ) इलाहाबाद

992. क्रांतिकारियों के जीवन पर आधारित ग्रंथ 'कलम आज उनकी जय बोल' के लेखक कौन थे?
(क) वीर सावरकर (ख) जगदीश जगेश
(ग) मन्मथनाथ गुप्त (घ) श्रीकृष्ण सरल

993. एक हजार से अधिक भारतीय क्रांतिकारियों के जीवन-वृत्त का संकलन कर 'क्रांतिकारी कोश' नामक ग्रंथ का प्रणयन किस महान् लेखक ने किया था?
(क) जगदीश जगेश (ख) श्रीकृष्ण सरल
(ग) भाई परमानंद (घ) वचनेश त्रिपाठी

994. क्रांतिकारी आंदोलन को समाजवाद की परिकल्पना किस महान् क्रांतिकारी ने दी थी?
(क) भगतसिंह (ख) शचींद्रनाथ सान्याल
(ग) वीर सावरकर (घ) रासबिहारी बोस

उत्तर के लिए कृपया पृष्ठ सं. 156 देखें।

995. क्रांतिकारियों ने अंग्रेजी पुलिस अधिकारी सांडर्स का वध कब किया था?
(क) 15 अक्तूबर, 1928 (ख) 16 नवंबर, 1928
(ग) 17 दिसंबर, 1928 (घ) 18 दिसंबर, 1929

996. भारत को कुछ राजनीतिक अधिकार देने की दृष्टि से ब्रिटिश सरकार ने किसके नेतृत्व में 'साइमन कमीशन' की नियुक्ति की थी?
(क) ए.ओ. ह्यूम (ख) सर जॉन साइमन
(ग) सी.एफ़. एंड्रूज (घ) वारेन हेस्टिंग्ज

997. 'काले पानी की कारावास कहानी : आपबीती' नामक पुस्तक किस स्वातंत्र्य सेनानी द्वारा लिखित है?
(क) भाई परमानंद (ख) शचींद्रनाथ सान्याल
(ग) सुभाषचंद्र बोस (घ) वीर सावरकर

998. क्रांतिकारी ऋषिकेश लट्टा की मृत्यु कब हुई थी?
(क) 03 फरवरी, 1930 (ख) 04 फरवरी, 1930
(ग) 05 फरवरी, 1930 (घ) 06 फरवरी, 1930

999. जलियाँवाले बाग हत्याकांड का प्रमुख खलनायक माइकेल ओ'डायर ब्रिटिश शासन में किस पद पर था?
(क) वायसरॉय (ख) अमृतसर में रेजीडेंट
(ग) पुलिस अधिकारी (घ) पंजाब का गवर्नर

1000. लंदन की एक अदालत में हत्या के आरोप में सुनवाई के समय किस वीर क्रांतिकारी ने जज को अपना नाम 'राममोहम्मद सिंह डिसूजा' बताया था?
(क) ऊधम सिंह (ख) मदनलाल धींगरा
(ग) वीर सावरकर (घ) श्यामजी कृष्ण वर्मा

□

उत्तर के लिए कृपया पृष्ठ सं. 156 देखें।

उत्तर-सूची

1. (ख) वास्को-डि-गामा
2. (ग) पुर्तगाली
3. (ग) कालीकट
4. (ग) डि अलमायदा
5. (ग) ब्रिटिश कंपनी और बंगाल के सिराजुद्दौला
6. (क) 1600
7. (ख) व्यापार और वाणिज्य
8. (ग) चार्ल्स द्वितीय से
9. (ख) प्लासी का प्रथम युद्ध
10. (ग) सन् 1765
11. (ग) सन् 1769
12. (ग) सन् 1775-82
13. (क) सन् 1784
14. (ख) सन् 1785-97
15. (घ) सन् 1799
16. (ग) सन् 1817
17. (ग) मीर जाफर
18. (ग) वारेन हेस्टिंग्स
19. (क) वारेन हस्टिंग्स
20. (ग) कलकत्ता सुप्रीम कोर्ट के एक जज ने
21. (ख) सर एलिजा एंपे
22. (क) लॉर्ड मॉएरा
23. (ग) लॉर्ड कॉर्नवालिस
24. (ग) लॉर्ड वेलेजली
25. (ख) अवध के नवाब ने
26. (ग) हड़प नीति
27. (क) उदयपुर
28. (ख) वाजिद अली
29. (ग) (क) और (ख) दोनों
30. (ख) लॉर्ड डलहौजी
31. (ग) सूरत
32. (ख) 1502 ई.
33. (ख) गोवा
34. (ग) फ्रेंकॉइज कैरन
35. (ग) नागपट्टम
36. (घ) सन् 1792
37. (ख) अठारहवीं शताब्दी की शुरुआत में
38. (ख) सन् 1651
39. (ग) पंजाब और सिंध
40. (घ) अस्थायी जमींदारी बंदोबस्त
41. (घ) स्थायी बंदोबस्त
42. (ख) चार्ल्स ग्रांट
43. (घ) उपर्युक्त सभी
44. (घ) फर्रुखशियर
45. (क) सन् 1845-46
46. (ख) उसका जोश और निर्णय
47. (क) सन् 1892

48. (ख) राजा चार्ल्स प्रथम
49. (ग) अदालत में बिना पेश किए अनिश्चित काल तक बंदी बनाए रखना
50. (ख) 1813 का चार्टर ऐक्ट
51. (ग) सन् 1942
52. (घ) ब्रिटिश-मुक्त व्यापारी
53. (ख) वैंडीवाश
54. (घ) लॉर्ड कर्जन
55. (घ) लॉर्ड वेलेजली
56. (ग) उत्तर प्रदेश और मध्य प्रदेश
57. (ग) सन् 1875
58. (ख) सन् 1882
59. (घ) सन् 1893
60. (ख) सन् 1843
61. (ग) सन् 1845-46
62. (ख) सन् 1848-49
63. (ग) सन् 1849
64. (घ) सन् 1853
65. (ग) सन् 1852
66. (घ) सन् 1856
67. (क) लॉर्ड कैनिंग
68. (घ) 10 मई, 1857
69. (ख) बेगम हजरत महल
70. (क) कुँवर सिंह
71. (ग) दीवान मनीराम दत्त
72. (क) नाना साहेब
73. (ख) पाल्मस्टोन
74. (घ) लॉर्ड कैनिंग
75. (ख) रानी लक्ष्मीबाई
76. (क) मद्रास
77. (ख) हकीम अहसानुल्ला
78. (घ) एल.ई.आर. रीज
79. (क) वर्नाक्यूलर प्रेस ऐक्ट
80. (ख) 1813 का चार्टर ऐक्ट
81. (ग) सन् 1854
82. (घ) एचिसन
83. (ख) 8 अप्रैल, 1857
84. (घ) मौलवी अहमदुल्ला
85. (ग) निकल्सन
86. (ख) एनफील्ड राइफल
87. (ग) बख्त खान
88. (क) हुमायूँ के मकबरे पर
89. (क) बहादुरशाह जफर
90. (घ) सन् 1862
91. (ग) रंगून में
92. (ग) बहादुर शाह द्वितीय
93. (घ) सर ह्यूज रोज
94. (ख) तात्या टोपे
95. (क) सन् 1872
96. (ग) रामचंद्र पांडुरंग
97. (ख) चित्तूर सिंह
98. (ख) कुँवर सिंह
99. (ग) नेपाल
100. (घ) खान बहादुर खान
101. (ग) सन् 1763
102. (क) लॉर्ड डलहौजी
103. (ग) पेशवा बाजीराव द्वितीय
104. (ग) सैयद अहमद
105. (घ) (ख) और (ग) दोनों
106. (ग) चारसड्डा
107. (घ) पंजाब
108. (क) रामसिंह
109. (ग) मजनून शाह
110. (ख) फोंड सावंत
111. (ख) रानी लक्ष्मीबाई
112. (घ) कोटा
113. (ख) नाना साहेब
114. (क) कमल और रोटी
115. (घ) नव मध्य वर्ग

116. (ख) बिहार
117. (ग) मंगल पांडे
118. (क) संवैधानिक अशांति
119. (ग) तीन बार
120. (ख) बंगाल
121. (घ) नाना की सेनाएँ
122. (ग) वेल्लोर
123. (ख) जमींदार
124. (ग) जनरल बख्त खान
125. (घ) (क) और (ख) दोनों
126. (ग) वहाबी आंदोलन
127. (ख) जमींदार
128. (क) भगत जवाहर मल
129. (ख) बिरसा मुंडा
130. (घ) विना.दामो. सावरकर
131. (क) दिल्ली
132. (क) बेगम हजरत महल
133. (ग) आगरा और अवध के पश्चिमोत्तर प्रांत
134. (ख) त्रावणकोर के राजा
135. (घ) नारायण गुरु
136. (ख) ज्योति बा फुले
137. (क) हेनरी विवियन डेरोजियो
138. (ग) सर चार्ल्स वुड, सेक्रेटरी ऑफ स्टेट, का सन् 1854 का डिस्पैच
139. (ख) सती प्रथा
140. (ख) डेविड हेयर
141. (ग) बंकिमचंद्र चटर्जी
142. (ख) स्वामी दयानंद सरस्वती
143. (ग) श्रीमती एनी बेसेंट
144. (घ) तंत्र विज्ञान
145. (क) रमाबाई रानाडे
146. (ख) राजा राममोहन राय
147. (ग) राजा राममोहन राय
148. (ख) राजा राममोहन राय
149. (ख) केशवचंद्र सेन
150. (ख) वेद समाज
151. (क) सर विलियम जोंस
152. (ग) सं.रा. अमेरिका
153. (ख) स्वामी विवेकानंद
154. (क) एम.जी. रानाडे
155. (क) थियोडोर बेक
156. (ख) महात्मा गांधी
157. (ग) बहरामजी एम. मलाबारी
158. (ग) बाल-विवाह
159. (घ) स्वामी दयानंद सरस्वती
160. (क) सर सैयद अहमद खाँ
161. (घ) देवेंद्रनाथ टैगोर
162. (घ) देवेंद्रनाथ टैगोर
163. (ख) केशवचंद्र सेन
164. (क) आर्य समाज
165. (घ) सत्य शोधक समाज
166. (ग) स्वामी दयानंद सरस्वती
167. (क) अकबर द्वितीय
168. (ख) डेविड हेयर
169. (घ) विष्णु शास्त्री
170. (ख) ज्योति बा फुले
171. (क) चार्ल्स मैटकॉफ
172. (क) राजा राममोहन राय
173. (ख) सन् 856
174. (घ) जी.एच. देशमुख
175. (ग) सन् 1875
176. (क) सन् 1893
177. (ख) सत्यार्थप्रकाश
178. (क) आर्य समाज
179. (घ) नरेंद्रनाथ
180. (घ) स्वामी विवेकानंद
181. (ग) विलियम कैरे
182. (ख) सन् 1898

183. (घ) राधाकांत देव
184. (ग) शिवनारायण अग्निहोत्री
185. (घ) बहरामजी एम. मलाबारी
186. (घ) गोपाल कृष्ण गोखले
187. (ख) एम.जी. रानाडे
188. (ग) एम.जी. रानाडे
189. (क) नारायण गुरु
190. (क) बंगाल
191. (ग) वर्ष 1824
192. (घ) सन् 1882
193. (ग) एकेश्वरवाद
194. (ग) सी.आर. रेड्डी
195. (घ) पी. मित्रा
196. (क) मिर्जा गुलाम अहमद
197. (क) हाजी शरीयत अल्लाह
198. (क) लॉर्ड मैकाले
199. (ख) मद्रास हिंदू समिति
200. (ख) दीनदयाल शर्मा
201. (ख) स्वामी विवेकानंद
202. (ख) डी.के. कर्वे
203. (ख) सन् 1865
204. (घ) सन् 1866
205. (क) एम.क्यू. ननौटवी और ए.आर. गंगोई
206. (ख) सन् 1911
207. (ग) हृदयनाथ कुँजरू
208. (क) आडयार (मद्रास)
209. (घ) स्वामी विवेकानंद
210. (ग) स्वामी विवेकानंद
211. (ख) सन् 1893
212. (घ) मूल शंकर
213. (घ) एंग्लो मोहम्मडन ऑरिएंटल कॉलेज
214. (ग) आगा खाँ, नवाब सलीमुल्ला और नवाब मोहसिन-उल-मुल्क
215. (ग) सन् 1906
216. (घ) सन् 1911
217. (घ) मौलाना मोहम्मद अली, हकीम अजमल खाँ और मजहर-उल-हक
218. (ख) शिव दयाल साहब
219. (ग) वेद समाज
220. (ख) निम्न जातियों को मंदिर में प्रवेश की अनुमति
221. (क) उनके विचार में अंग्रेजी शिक्षा भारत की सामाजिक और राजनीतिक बुराइयाँ दूर करने के लिए रामबाण नुस्खा थी
222. (क) कराची
223. (ग) ब्रिटेन ने इटली के विरुद्ध तुर्की तथा बाद में बाल्कन ताकतों को सहयोग देना बंद नहीं किया था, बल्कि आटोमन साम्राज्य की सदस्यता भी छोड़ दी
224. (क) दिसंबर 1885
225. (ग) दादाभाई नौरोजी
226. (घ) दादाभाई नौरोजी
227. (ग) दादाभाई नौरोजी
228. (घ) दादाभाई नौरोजी
229. (ख) इंडियन एसोसिएशन ऑफ कलकत्ता
230. (क) सुरेंद्रनाथ और आनंद मोहन बोस
231. (ग) एम.जी. रानाडे
232. (क) ए.ओ. ह्यूम
233. (ख) बंबई
234. (क) डब्ल्यू.सी. बनर्जी
235. (ग) गोपाल कृष्ण गोखले
236. (ग) सूरत अधिवेशन
237. (क) आनंद मोहन बोस

238. (ख) ऑल इंडिया नेशनल कॉन्फ्रेंस
239. (ग) दादाभाई नौरोजी
240. (ग) मौलाना अबुल कलाम आजाद
241. (क) विलियम वेडरबर्न
242. (घ) सैयद अहमद खाँ
243. (ग) 72
244. (ख) सरोजिनी नायडू
245. (ग) डॉ. पट्टाभि सीतारामैया
246. (घ) लिबरल पार्टी
247. (ग) सन् 1905
248. (घ) मांटेग्यू घोषणा
249. (ग) दादाभाई नौरोजी
250. (घ) अंबिकाचंद्र मजूमदार
251. (ग) मदन मोहन मालवीय
252. (घ) उत्तरी अमेरिका के इतिहास से
253. (ग) 434
254. (क) बाल गंगाधर तिलक
255. (घ) इसमें भा.रा. कांग्रेस और राष्ट्रीय सम्मेलन के बीच एकीकरण हुआ
256. (घ) विलियम वेडरबर्न
257. (घ) बदरुद्दीन तैयबजी
258. (घ) जे.बी. कृपलानी
259. (घ) सन् 1929
260. (ग) लाहौर
261. (ख) लॉर्ड डफरिन
262. (घ) लॉर्ड क्रूज
263. (ग) सुरेंद्रनाथ बनर्जी
264. (घ) जॉर्ज युले
265. (घ) जयप्रकाश नारायण
266. (घ) लाला लाजपत राय
267. (ग) म्रांडले
268. (ख) लाला लाजपत राय
269. (ग) लखनऊ
270. (घ) स्वामी विवेकानंद
271. (ख) दादाभाई नौरोजी
272. (ख) हरिपुरा
273. (घ) जवाहरलाल नेहरू
274. (क) 1916 के लखनऊ अधिवेशन में
275. (घ) बाल गंगाधर तिलक
276. (ख) ईस्ट इंडिया एसोसिएशन, 1886
277. (क) स्वदेशी और बायकॉट
278. (क) गदरवाले
279. (ख) लोकमान्य तिलक
280. (क) बाल गंगाधर तिलक
281. (क) नेहरू रिपोर्ट में शामिल प्रस्तावों पर मतभेदों के कारण
282. (घ) 12 दिसंबर, 1911 में दिल्ली दरबार में ताजपोशी के दौरान सम्राट् द्वारा की गई घोषणा
283. (क) विदेशों में भारतीय माल के लिए बाजार बनाना
284. (ख) कांग्रेस के झंडे के इस्तेमाल पर लगे प्रतिबंध के विरुद्ध
285. (घ) लाला लाजपत राय
286. (ख) सलाहकार, सेक्रेटरी ऑफ स्टेट फॉर इंडिया
287. (घ) सूर्यसेन
288. (घ) एस.ए. डांगे
289. (क) 9 सितंबर, 1929
290. (ख) सन् 1925
291. (ग) सन् 1922
292. (क) खान बहादुर
293. (ग) 4
294. (घ) लाला लाजपत राय
295. (ग) 19

296. (ख) सन् 1940
297. (ग) खान अब्दुल गफ्फार खान
298. (ग) अनुशीलन समिति
299. (घ) लाहौर सेंट्रल जेल
300. (ख) हिंदुस्तान रिपब्लिकन एसोसिएशन
301. (ख) भगतसिंह
302. (क) चंद्रशेखर आजाद
303. (घ) सरदार ऊधम सिंह
304. (ग) माइकेल ओ डायर
305. (ख) राजा महेंद्र प्रताप
306. (घ) रासबिहारी बोस
307. (ग) इंडियन रिपब्लिकन आर्मी
308. (क) भगतसिंह और बटुकेश्वर दत्त
309. (घ) 1 जनवरी, 1930
310. (ग) 26 जनवरी, 1930
311. (ख) लाला लाजपत राय
312. (क) चंद्रशेखर आजाद
313. (घ) सूर्यसेन
314. (घ) हेमचंद्र घोष
315. (ख) सिंगापुर
316. (क) बाल गंगाधर तिलक
317. (ख) बिपिनचंद्र पाल
318. (घ) बाल गंगाधर तिलक
319. (ग) बंगाल
320. (ख) लाला लाजपत राय
321. (घ) तिलक
322. (ग) बाल गंगाधर तिलक
323. (क) चापेकर बंधु
324. (क) दामोदर और बालकृष्ण
325. (ख) हिंदू धर्म सभा
326. (ग) आर्य बांधव समाज
327. (क) जैक्सन, नासिक का डी.एम.
328. (क) नीलकंठ ब्रह्मचारी
329. (घ) जे.एम. चटर्जी
330. (ख) अमेरिका
331. (क) लाला हरदयाल
332. (ग) सतीशचंद्र बोस और प्रमथनाथ मित्र
333. (ख) पुलिन बिहारी दास
334. (क) बिपिन बिहारी गांगुली
335. (घ) शंकरम गणेश देवस्कर
336. (ग) जतींद्रनाथ मुखर्जी
337. (क) प्रफुल्ल चाकी और खुदीराम बोस
338. (घ) रासबिहारी बोस
339. (घ) इंफाल
340. (ग) जापान
341. (घ) रासबिहारी बोस
342. (क) श्यामजी कृष्ण वर्मा
343. (घ) अरविंद घोष
344. (क) आर्य बांधव समाज
345. (क) क्रांतिकारी
346. (ग) महाराष्ट्र
347. (ग) साम्यवादी क्रांतिकारी
348. (क) 8 अप्रैल, 1929
349. (घ) सन् 1920
350. (ग) सभी वस्तुओं का भारत में उत्पादन
351. (ख) मदाम भीकाजी कामा
352. (क) मोतीलाल नेहरू
353. (ख) एम.एन. रॉय
354. (क) काकोरी ट्रेन डकैती
355. (घ) लाला लाजपत राय
356. (ग) लाला लाजपत राय
357. (क) अलीपुर बम कांड
358. (घ) लाला लाजपत राय
359. (क) सत्येंद्रनाथ बोस
360. (ख) सुभाषचंद्र बोस
361. (ग) रंगून

362. (घ) मदाम भीकाजी कामा
363. (ग) होमरूल आंदोलन
364. (क) मदनलाल ढींगरा
365. (क) अल्फ्रेड पार्क, इलाहाबाद
366. (ग) भगतसिंह
367. (घ) सोहन सिंह भकना
368. (ख) रामप्रसाद बिस्मिल
369. (ग) खुदीराम बोस
370. (ग) शहरी क्षेत्र
371. (क) बिहार
372. (घ) उपर्युक्त सभी
373. (ख) कांग्रेस समाजवादी पार्टी
374. (क) जलियाँवाला बाग हत्याकांड
375. (घ) सर सैयद अहमद खाँ
376. (क) मौलाना मोहम्मद अली
377. (ख) सन् 1913
378. (क) लॉर्ड रिपन
379. (ख) खिलाफत आंदोलन
380. (घ) एनी बेसेंट
381. (ख) सन् 1916
382. (ग) सन् 1912
383. (क) सन् 1916
384. (घ) लाला लाजपत राय
385. (ख) भारतीयों को स्वायत्त शासन
386. (क) सर लॉरेंस
387. (ग) लॉर्ड लिटन
388. (घ) लॉर्ड रिपन
389. (घ) डिजराइली
390. (ख) हंटर कमीशन
391. (ख) लॉर्ड रिपन
392. (ख) लॉर्ड कैनिंग
393. (क) लॉर्ड कर्जन
394. (ख) सन् 1901
395. (ख) लॉर्ड कर्जन
396. (ख) लॉर्ड हार्डिंग
397. (ग) लॉर्ड चेम्सफोर्ड
398. (क) लॉर्ड विलिंग्टन
399. (ख) लॉर्ड विलिंग्टन
400. (क) लॉर्ड लिनलिथगो
401. (ग) लॉर्ड लिनलिथगो
402. (क) लॉर्ड लिनलिथगो
403. (क) लॉर्ड माउंटबेटन
404. (ग) लॉर्ड हार्डिंग
405. (ख)लॉर्ड रिपन
406. (ख) लॉर्ड मेयो
407. (क) लॉर्ड रिपन
408. (घ) लॉर्ड कर्जन
409. (ख) लॉर्ड मिंटो द्वितीय
410. (ग) रीड और मुनरो
411. (ग) लॉर्ड इरविन
412. (घ) लॉर्ड माउंटबेटन
413. (ग) लॉर्ड कैनिंग
414. (ग) लॉर्ड हार्डिंग
415. (घ) लॉर्ड नॉर्थब्रुक
416. (ख) लॉर्ड डलहौजी
417. (ख) लॉर्ड वेलेजली
418. (घ) सन् 1875
419. (घ) लॉर्ड डफरिन
420. (घ) कामागाटामारू
421. (क) सन् 1839
422. (घ) आत्माराम पांडुरंग
423. (ख) थियोसोफिकल सोसाइटी
424. (घ) सन् 1875
425. (ख) स्वामी विवेकानंद
426. (क) देवेंद्रनाथ टैगोर
427. (ख) खलीफा
428. (घ) स्वामी दयानंद सरस्वती
429. (ग) 1893, शिकागो
430. (घ) एम.एन. रॉय
431. (ख) नागालैंड

432. (ग) इसका जनाधार
433. (क) महात्मा गांधी
434. (क) गोपाल कृष्ण गोखले
435. (ग) सन् 1915
436. (ग) सत्य की प्राप्ति
437. (घ) अबुल कलाम आजाद
438. (ग) 78 स्वयंसेवक
439. (घ) चंपारण
440. (घ) चौरीचौरा
441. (ग) साबरमती से दांडी
442. (घ) सन् 1920
443. (ग) सन् 1942
444. (क) सन् 1916
445. (ख) बेलगाम, 1924
446. (क) महात्मा गांधी
447. (घ) नमक कानून भंग करने के लिए
448. (घ) हरिजन यात्रा
449. (ग) महात्मा गांधी
450. (ग) कैरा (गुजरात)
451. (ग) सन् 1918
452. (क) महात्मा गांधी
453. (ख) 6 वर्ष
454. (क) नील की खेती में लगे कामगारों की समस्या सुलझाना
455. (घ) महात्मा गांधी
456. (ख) महात्मा गांधी
457. (ग) 1 अगस्त, 1933
458. (क) आगा खाँ महल
459. (घ) महात्मा गांधी
460. (ग) सन् 1927
461. (ग) साइमन कमीशन
462. (क) बंगाल और पंजाब
463. (ग) सही साधन और सही साध्य
464. (घ) सरदार वल्लभभाई पटेल
465. (ग) जादुनांग
466. (क) नमक सत्याग्रह
467. (घ) बारदोली सत्याग्रह के दौरान
468. (ख) गुजरात के तट पर
469. (ख) बाल गंगाधर तिलक
470. (क) असहयोग आंदोलन
471. (ख) सन् 1921
472. (ख) 24 दिन
473. (घ) 1,650
474. (ख) 25 सितंबर, 1932
475. (क) भीमराव अंबेडकर
476. (ख) 21 दिन
477. (ग) महात्मा गांधी
478. (ग) 60,000
479. (ख) महात्मा गांधी
480. (ग) जतिन दास
481. (ग) विनोबा भावे
482. (ख) 20,000 से भी अधिक
483. (ग) महात्मा गांधी
484. (ख) अगस्त क्रांति मैदान
485. (क) असहयोग आंदोलन के स्थगन की वजह से राष्ट्रवादी समर्थकों में पैदा हुए मतभेद का लाभ उठाया
486. (ख) सन् 1930
487. (ग) पहली बार कांग्रेस को विरोधी पार्टी का दर्जा मिला
488. (क) क्योंकि गांधीजी द्वारा नामांकित पट्टाभि सीतारामैया के विरुद्ध सुभाषचंद्र बोस को सफलता मिली
489. (घ) 1919 में रोलेट ऐक्ट के विरुद्ध
490. (ख) जब अपने चरम पर था, गांधीजी द्वारा रोक दिया गया

491. (क) कांग्रेस ने लोगों की बात नहीं मानी और गोलमेज सम्मेलन में शामिल हुई
492. (ख) खेड़ा
493. (ग) महात्मा गांधी
494. (ख) एल्बर्ट बिल
495. (घ) फसल न आ पाने के कारण से लगान न दे पाना
496. (ख) निश्चित अवधि में स्वतंत्रता पाने के लिए
497. (ख) कैरा सत्याग्रह के दौरान गांधीजी गिरफ्तार हो गए थे
498. (ख) कम्यूनल अवार्ड, 1932
499. (घ) सन् 1942
500. (घ) महात्मा गांधी
501. (घ) उन्हें डर था कि सविनय अवज्ञा आंदोलन हिंसक रूप धारण न क़र ले
502. (क) उन्होंने सोचा था कि आक्रमण का वीरतापूर्वक सामना लोगों के पास एकमात्र उपाय ब्रिटिश सरकार को यह एहसास दिलाना है कि भारत की जनता स्वाधीन है तथा देश की रक्षा की जिम्मेदारी उन्हीं की है, न कि ब्रिटिशों की
503. (ख) पंजाब
504. (घ) भारत की स्वतंत्रता हमारा लक्ष्य है तथा इसकी प्राप्ति में अपनाया जानेवाला प्रत्येक उपाय भी पवित्र हो
505. (क) महात्मा गांधी
506. (ख) सुभाषचंद्र बोस
507. (ग) दूसरे
508. (ग) अल्बर्ट आइंस्टीन
509. (ख) सविनय अवज्ञा आंदोलन
510. (घ) अरुणा आसफ अली
511. (क) समाज सेवा
512. (ग) यंग इंडिया
513. (क) इंडियन ओपिनियन
514. (ग) स्वदेशी
515. (ग) 20,000
516. (ख) अरुणा आसफ अली
517. (घ) अहमदाबाद में मिल-मजदूरों की हड़ताल
518. (ख) सन् 1917
519. (क) किसान
520. (क) दक्षिण अफ्रीका
521. (ग) रोलेट ऐक्ट का बनना
522. (क) महात्मा गांधी
523. (क) क्रिप्स मिशन
524. (घ) विष्णु दिगंबर पलुस्कर
525. (ग) जन आंदोलन के कारगर के रूप में पहली बार अहिंसा का प्रयोग किया गया
526. (ग) गोपाल कृष्ण गोखले
527. (ग) इस आंदोलन में मुसलिम वर्ग ने भाग नहीं लिया
528. (ग) साबरमती
529. (घ) सी. राजगोपालाचारी
530. (ख) महात्मा गांधी
531. (ग) भारत छोड़ो
532. (ख) 30 जनवरी, 1948
533. (ग) बंबई
534. (ख) 3 और 4
535. (ख) जवाहरलाल नेहरू और सरोजिनी नायडू
536. (क) 7
537. (ख) सन् 1915

538. (घ) पोरबंदर
539. (ख) स्वदेशी आंदोलन
540. (ग) टॉल्सटाय
541. (ग) महात्मा गांधी
542. (क) विलियम वार्ड
543. (क) संविधान निर्मात्री समिति को गठन करना
544. (घ) सिंगापुर
545. (क) छात्र और कामगार
546. (ग) कैबिनेट मिशन योजना
547. (ग) लॉर्ड पैथिक लारेंस, क्रिप्स और ए.वी. एलेक्जेंडर
548. (ख) सर पी. लारेंस
549. (घ) जुलाई 1947
550. (ग) 526
551. (घ) सरदार पटेल
552. (घ) जूनागढ़, हैदराबाद और कश्मीर
553. (ख) चित्तरंजन दास
554. (क) एटली
555. (ग) सन् 1937
556. (ग) सन् 1773
557. (घ) सन् लॉर्ड नॉर्थ
558. (क) प्रोपराइटर्स कोर्ट में मतदान का अधिकार
559. (घ) सन् 1784
560. (ग) सन् 1793
561. (ख) 1813 का चार्टर ऐक्ट
562. (ख) 1813 का चार्टर ऐक्ट
563. (घ) सत्येंद्र प्रसाद सिन्हा
564. (ख) कुछ लोगों तक सीमित किया गया
565. (घ) चार्टर ऐक्ट, 1853
566. (ख) गवर्नमेंट ऑफ इंडिया ऐक्ट, 1858
567. (ख) गवर्नमेंट ऑफ इंडिया ऐक्ट, 1858
568. (क) इंडियन काउंसिल ऐक्ट, 1909
569. (क) इंडियन काउंसिल ऐक्ट, 1909
570. (घ) अगस्त प्रस्ताव
571. (घ) 8 अगस्त, 1940
572. (ख) सन् 1942
573. (क) सी.आर. फॉर्मूला
574. (ख) भारतीय स्वाधीनता अधिनियम
575. (क) चर्चिल
576. (घ) प्रांतीय स्वशासन
577. (ख) चार्टर ऐक्ट, 1853
578. (क) मिंटो-मार्ले सुधार
579. (ख) गवर्नमेंट ऑफ इंडिया ऐक्ट, 1935
580. (ग) 1904
581. (ख) लॉर्ड रिपन
582. (ख) अल्बर्ट बिल
583. (घ) सर एलिजा इंपी
584. (ख) चार्टर ऐक्ट, 1833
585. (क) डॉक्ट्रिन ऑफ लैप्स
586. (क) उदयपुर
587. (घ) (ख) और (ग) दोनों
588. (घ) लॉर्ड रिपन
589. (घ) अकुशल श्रम
590. (ख) सभी कामगारों के लिए साप्ताहिक अवकाश का प्रावधान
591. (क) संघीय क्रिया-कलाप
592. (घ) सन् 1920
593. (ग) लॉर्ड डलहौजी
594. (ग) गवर्नमेंट ऑफ इंडिया ऐक्ट, 1919
595. (ख) बाल गंगाधर तिलक
596. (ग) सुभाषचंद्र बोस
597. (घ) राजा राममोहन राय
598. (ख) महेंद्र प्रताप
599. (क) राजा राममोहन राय

600. (ग) देवेंद्रनाथ टैगोर
601. (घ) केशवचंद्र सेन
602. (ग) राजेंद्र प्रसाद
603. (क) अबुल कलाम आजाद
604. (क) अबुल कलाम आजाद
605. (ग) सी. राजगोपालाचारी
606. (ख) सरोजिनी नायडू
607. (ख) जवाहरलाल नेहरू
608. (ग) दादाभाई नौरोजी
609. (ख) के.के. मित्रा
610. (घ) सर सैयद अहमद खाँ
611. (घ) बाल गंगाधर तिलक
612. (ख) विनोबा भावे
613. (घ) बंकिमचंद्र चटर्जी
614. (क) मोहम्मद इकबाल
615. (ख) चंद्र मेनन
616. (क) जवाहरलाल नेहरू
617. (ग) महात्मा गांधी
618. (ग) सन् 1896
619. (क) एनी बेसेंट
620. (क) लाला लाजपत राय
621. (घ) जेम्स आगस्टस हिकी
622. (क) जवाहरलाल नेहरू
623. (घ) अरविंद घोष
624. (ख) जवाहरलाल नेहरू
625. (क) बिपिनचंद्र पाल
626. (घ) सोहनलाल पाठक
627. (ग) टी. प्रकाशम
628. (घ) राधाकृष्णन
629. (घ) अबुल कलाम आजाद
630. (घ) जी.एच. देशमुख
631. (ग) रमेशचंद्र दत्त
632. (घ) बी.सी. चटर्जी
633. (ग) वारींद्र कुमार घोष
634. (ख) गोपाल कृष्ण गोखले
635. (ग) लाला हरदयाल
636. (ख) रामप्रसाद बिस्मिल
637. (क) सी.वाई. चिंतामणि
638. (ख) मोहम्मद इकबाल
639. (ग) एस. सुब्रह्मण्यम अय्यर
640. (ख) लाला लाजपत राय
641. (क) लाला लाजपत राय
642. (क) दीनबंधु मित्रा
643. (घ) नवगोपाल मित्र
644. (ख) बहरामजी
645. (ग) सुभाषचंद्र बोस
646. (क) हिंद एसोसिएशन
647. (घ) मदाम भीकाजी कामा
648. (ग) प्रताप सिंह कैरों
649. (ग) बंकिमचंद्र चटर्जी
650. (घ) राजा राममोहन राय
651. (ख) आर.पी. दत्त
652. (ग) सुरेंद्रनाथ बनर्जी
653. (ग) हरीश चंद्र मुखर्जी
654. (घ) एन.एम. जोशी
655. (ख) कस्तूरी रंगा आयंगर
656. (ग) चार्ल्स फ्रीयर एंड्रूज
657. (ख) फिरोजशाह मेहता
658. (ख) भूपेंद्रनाथ दत्त
659. (ग) बिपिनचंद्र पाल
660. (ख) चार्ल्स विल्किंस
661. (घ) फिरोजशाह मेहता, के.टी. तैलंग और बदरुद्दीन तैयबजी
662. (ग) शिशिर कुमार घोष
663. (ग) राजा राममोहन राय
664. (ख) रवींद्रनाथ टैगोर
665. (घ) सन् 1914
666. (क) सुभाषचंद्र बोस
667. (द) विलियम डिग्बई
668. (क) सरदार पटेल

669. (ग) खान अब्दुल गफ्फार खान
670. (क) बी. उपाध्याय
671. (ख) सतीश चंद्र मुखर्जी
672. (घ) मदाम भीकाजी कामा
673. (ग) महात्मा गांधी
674. (ख) राजा राममोहन राय
675. (घ) जी. सुब्रह्मण्यम अय्यर
676. (क) संतोष सिंह
677. (ख) राजा राममोहन राय
678. (क) लाला लाजपत राय
679. (ख) दयाल सिंह मजीठिया
680. (ख) सन् 1881
681. (घ) इंडिया
682. (ग) सन् 1868
683. (ख) जी.जी. अगरकर
684. (घ) श्यामजी कृष्ण वर्मा
685. (घ) दादाभाई नौरोजी
686. (क) बाल गंगाधर तिलक
687. (ग) लाला लाजपत राय
688. (ख) मदन मोहन मालवीय
689. (ग) मदन मोहन मालवीय
690. (क) मदन मोहन मालवीय
691. (घ) राजनारायण बोस
692. (ख) सरोजिनी नायडू
693. (ग) मराठा
694. (घ) रवींद्रनाथ टैगोर
695. (क) मिराजकर
696. (क) अरविंद घोष
697. (ग) सुभाषचंद्र बोस
698. (ग) स्वामी विवेकानंद
699. (ख) सरोजिनी नायडू
700. (घ) जवाहरलाल नेहरू द्वारा लिखित इतिहास की पुस्तक
701. (ख) सन् 1882
702. (ग) रोलेट ऐक्ट के पारित होने पर
703. (ख) 11
704. (ग) सन् 1924
705. (घ) मदाम भीकाजी कामा
706. (ख) जवाहरलाल नेहरू
707. (घ) सन् 1928
708. (घ) सितंबर-दिसंबर 1931
709. (क) लंदन
710. (क) लॉर्ड वैवेल
711. (ग) लॉर्ड विलियम बेंटिक
712. (क) जयप्रकाश नारायण
713. (घ) खान अब्दुल गफ्फार खान
714. (ग) 13 अप्रैल, 1919
715. (ग) सन् 1835
716. (ख) सरदार वल्लभभाई पटेल
717. (ग) सन् 1940
718. (घ) रवींद्रनाथ टैगोर
719. (ख) राजा राममोहन राय
720. (ख) सन् 1904
721. (ग) सन् 1896
722. (ग) वर्ष 1909
723. (क) एस. सुब्रह्मण्यम अय्यर
724. (ग) मोतीलाल नेहरू
725. (ग) वर्ष 1843
726. (ख) तीन
727. (ख) अरविंद घोष
728. (ग) लॉर्ड कर्जन
729. (ग) लॉर्ड डलहौजी
730. (ख) बिहार और बंगाल
731. (क) अस्थायी जमींदारी बंदोबस्त
732. (क) लॉर्ड कॉर्नवालिस
733. (घ) लॉर्ड डलहौजी
734. (क) विरसालिंगम पंतुलु
735. (घ) दीनदयाल शर्मा

736. (क) लॉर्ड विलियम बेंटिक
737. (क) सन् 1908
738. (ख) गदरवादी
739. (ख) राखी बंधन दिवस
740. (घ) स्वामी सहजानंद सरस्वती
741. (घ) अरविंद घोष
742. (घ) 26 जनवरी, 1930
743. (क) वर्ष 1774
744. (ग) भीमराव अंबेडकर
745. (क) एम.एन. रॉय
746. (ख) ग्वालियर
747. (ख) 6 : 1
748. (ग) सन् 1927
749. (ग) कराची
750. (ग) सन् 1939
751. (घ) एस.पी. सिन्हा
752. (ख) मोहम्मद अली
753. (क) सी. राजगोपालाचारी
754. (घ) लाला लाजपत राय
755. (ग) युगांतर समिति
756. (ख) लॉर्ड जॉन लारेंस
757. (क) सन् 1856
758. (ग) सिंगापुर
759. (क) एम.जी. रानाडे
760. (घ) गोपाल गणेश अगरकर
761. (क) 1882–आडयार
762. (ग) सन् 1857
763. (ख) वारेन हेस्टिंग्स
764. (क) जवाहरलाल नेहरू
765. (ग) सन् 1928
766. (ख) लॉर्ड कैनिंग
767. (क) 1 सितंबर
768. (ग) अबुल कलाम आजाद
769. (ख) स्वामी विवेकानंद
770. (ग) लॉर्ड वेलेजली
771. (ग) रानी विक्टोरिया
772. (ख) नील
773. (क) मेजर हडसन
774. (ख) सन् 1859
775. (ग) 23 वर्ष
776. (घ) बहादुरशाह जफर
777. (ख) सन् 1862
778. (ख) विट्ठलभाई पटेल
779. (घ) मछलीपत्तनम
780. (ख) राधाकांत देव
781. (ख) गवर्नमेंट ऑफ इंडिया ऐक्ट, 1935
782. (घ) ईश्वरचंद्र विद्यासागर
783. (घ) ज्योति बा फुले
784. (ख) धंदू केशव कर्वे
785. (ग) कराची अधिवेशन
786. (ग) एनी बेसेंट
787. (घ) लॉर्ड हार्डिंग
788. (ग) वारेन हेस्टिंग्स
789. (घ) सन् 1906
790. (ग) सर जॉन काए
791. (ग) भारत विधाता
792. (क) वर्ष 1858
793. (ख) ऊधमसिंह
794. (ग) वीर सावरकर
795. (क) भगवतीचरण वोहरा
796. (घ) चंद्रशेखर आजाद
797. (ग) चंद्रशेखर आजाद
798. (ख) तिलका माँझी
799. (घ) कुँअर सिंह
800. (क) कित्तूर
801. (घ) भगवतीचरण वोहरा
802. (ग) 18 अप्रैल, 1859
803. (ख) 08 अप्रैल, 1857
804. (क) नाना साहब पेशवा

805. (ख) रिचर्ड विलियम्स
806. (ग) चंद्रशेखर आजाद
807. (घ) इलाहाबाद
808. (ख) नाना साहब पेशवा
809. (ग) वीर सावरकर
810. (घ) लक्ष्मीबाई
811. (ग) 18 जून, 1858
812. (घ) मानसिंह
813. (ग) बहादुर शाह जफर
814. (ख) 07 नवंबर, 1862
815. (क) गुरु रामसिंह
816. (घ) मेजर हडसन
817. (ग) सेठ रामजीदास गुड़वाला
818. (घ) बहादुर शाह जफर
819. (क) 17 फरवरी, 1883
820. (ग) बहादुर शाह जफर
821. (ख) श्यामजी कृष्ण वर्मा
822. (क) मदनलाल धींगरा
823. (क) 04 अक्तूबर, 1857
824. (ख) नाना साहब पेशवा
825. (ग) श्यामजी कृष्ण वर्मा
826. (ख) भगूर
827. (ग) वीर सावरकर
828. (क) 17 अगस्त, 1909
829. (ख) 24 सितंबर, 1861
830. (क) 28 मई, 1883
831. (ग) 26 फरवरी, 1966
832. (ख) 12 जून, 1940
833. (ग) अरविंद घोष
834. (ख) 05 दिसंबर, 1950
835. (क) खुदीराम बोस
836. (ख) 11 अगस्त, 1908
837. (ग) लाला हरदयाल
838. (ख) 14 अक्तूबर, 1884
839. (ग) मदनलाल धींगरा
840. (ख) भाई परमानंद
841. (ग) तात्या टोपे
842. (घ) गदर
843. (क) 16 नवंबर, 1915
844. (घ) खुदीराम बोस
845. (क) 06 अप्रैल, 1927
846. (ख) रोशन सिंह
847. (क) 19 अगस्त, 1927
848. (ग) 19 दिसंबर, 1927
849. (ख) 09 अगस्त, 1925
850. (क) रामप्रसाद बिस्मिल
851. (ग) चंद्रशेखर आजाद
852. (ख) शचींद्रनाथ सान्याल
853. (ग) 19 दिसंबर, 1927
854. (क) सात
855. (ख) 17 दिसंबर, 1927
856. (घ) राजेंद्रनाथ लाहिड़ी
857. (घ) गोरखपुर जेल
858. (क) चौरीचौरा कांड
859. (ख) 27 फरवरी, 1931
860. (घ) अठारह
861. (ग) मन्मथनाथ गुप्त
862. (क) चार
863. (क) मि. हेमिल्टन
864. (ख) सुशीला मोहन
865. (क) 05 मार्च, 1905
866. (क) 28 मई, 1930
867. (क) 23 मार्च, 1931
868. (ख) राजगुरु
869. (ग) बटुकेश्वर दत्त
870. (ख) वसंतकुमार विश्वास
871. (क) रासबिहारी बोस
872. (ख) 21 जनवरी, 1945
873. (ग) सुभाषचंद्र बोस
874. (क) सन् 1945

875. (क) 11 मई, 1915
876. (क) 05 अक्तूबर, 1914
877. (ख) ज्योतींद्रनाथ मुखर्जी
878. (क) नरेंद्रनाथ भट्टाचार्य
879. (क) 13 सितंबर, 1929
880. (ख) 23 जुलाई, 1906
881. (ग) 23 जनवरी, 1897
882. (ग) विश्वेश्वर
883. (ख) भावरा
884. (क) चंद्रशेखर आजाद
885. (ख) 17 दिसंबर, 1928
886. (क) सीताराम तिवारी
887. (क) प्रताप
888. (ग) विद्यावती
889. (ख) 15 मई, 1907
890. (ग) 20 अक्तूबर, 1928
891. (घ) चंद्रशेखर आजाद
892. (क) 14 मई, 1934
893. (क) यशपाल
894. (घ) यशपाल
895. (ग) सुशीला मोहन
896. (ग) दुर्गा देवी बोहरा
897. (ख) राजगुरु
898. (क) सूर्यसेन
899. (ग) 18 अप्रैल, 1930
900. (ग) 12 जनवरी, 1934
901. (घ) 29 मार्च, 1857
902. (ग) 08 अप्रैल, 1857
903. (ख) नाना साहब पेशवा
904. (ग) अजीमुल्ला खाँ
905. (क) अरविंद घोष
906. (ख) 26 फरवरी, 1966
907. (ग) विनायक दामोदर सावरकर
908. (ख) रानी लक्ष्मीबाई
909. (ग) तात्या टोपे
910. (ख) करतार सिंह
911. (ग) गदर
912. (क) कामागाटामारू
913. (ग) 01 नवंबर, 1913
914. (ख) 08 जनवरी, 1914
915. (क) 17 नवंबर, 1915
916. (ख) पृथ्वी सिंह
917. (ग) पृथ्वी सिंह
918. (ग) 20 जून, 1934
919. (ख) चंद्रसिंह गढ़वाली
920. (ग) सुभाषचंद्र बोस
921. (क) 12 जनवरी, 1931
922. (क) अजीत सिंह
923. (ख) यतींद्रनाथ दास
924. (क) शिवराम राजगुरु
925. (क) केशव बलिराम हेडगेवार
926. (क) बंगाल
927. (ख) सुभाषचंद्र बोस
928. (क) सुभाषचंद्र बोस
929. (घ) सुभाषचंद्र बोस
930. (घ) सुभाषचंद्र बोस
931. (ख) हिटलर
932. (क) जर्मनी
933. (क) रासबिहारी बोस
934. (क) 24 अक्तूबर, 1943
935. (ख) 18 अगस्त, 1945
936. (ग) सन् 1946
937. (ख) सुभाषचंद्र बोस
938. (क) दुर्गा भाभी
939. (ग) भगतसिंह
940. (ख) भगतसिंह
941. (ग) 63
942. (ग) शचींद्रनाथ सान्याल

943. (ख) शचींद्रनाथ सान्याल (तीन अन्य भाई—रवींद्रनाथ सान्याल, जितेंद्रनाथ सान्याल एवं भूपेंद्रनाथ सान्याल—भी क्रांतिकारी थे।)
944. (ग) 04 जुलाई, 1943
945. (क) रासबिहारी बोस
946. (ख) विमान दुर्घटना में
947. (क) शचींद्रनाथ सान्याल
948. (ख) रासबिहारी बोस
949. (ग) शिरीषचंद्र मित्र
950. (ख) सरदार अजीत सिंह
951. (क) विनायक दामोदर सावरकर
952. (क) 03 जून, 1891
953. (क) 23 फरवरी, 1881
954. (क) वीर सावरकर
955. (ख) भूपेंद्रनाथ दत्त
956. (क) सरदार सिंह राणा
957. (ख) 24 जनवरी, 1954
958. (घ) वीरेंद्रनाथ चट्टोपाध्याय
959. (क) कृष्णधन घोष
960. (क) 06 मई, 1909
961. (क) वारींद्र कुमार घोष
962. (क) 10 नवंबर, 1908
963. (क) 21 नवंबर, 1908
964. (ग) 19 मार्च, 1909
965. (ग) 34
966. (ख) बारी साहब
967. (ग) 21 फरवरी, 1910
968. (ख) वांची अय्यर
969. (ग) 28 सितंबर, 1926
970. (ख) 04 मार्च, 1939
971. (क) 24
972. (ख) अमेरिका
973. (ग) इंडिया
974. (ग) गदर
975. (ख) सरदार सिंह राणा
976. (ग) मास्टर दा
977. (क) दादा
978. (घ) शचींद्रनाथ सान्याल
979. (क) 07 अगस्त, 1925
980. (क) रामकृष्ण खत्री
981. (क) 16 फरवरी, 1933
982. (ग) कालीपद मुकर्जी
983. (ख) रोशनलाल मेहरा
984. (क) 04 मई, 1983
985. (ख) 15 दिसंबर, 1941
986. (ख) चंद्रशेखर आजाद
987. (ग) चंद्रशेखर आजाद
988. (क) 17 नवंबर, 1928
989. (क) 8-9 सितंबर
990. (क) 07 अक्तूबर, 1930
991. (क) हरदोई
992. (ख) जगदीश जगेश
993. (ख) श्रीकृष्ण सरल
994. (क) भगतसिंह
995. (ग) 17 दिसंबर, 1928
996. (ख) सर जॉन साइमन
997. (क) भाई परमानंद
998. (क) 03 फरवरी, 1930
999. (घ) पंजाब का गवर्नर
1000. (क) ऊधमं सिंह

□□□